Minerva Shobo Librairie

はじめて学ぶ
教育課程

広岡義之
［編著］

ミネルヴァ書房

はしがき

　われわれは今から，教育課程論の本質を学ぼうとしているが，元来,「教育課程」とは，カリキュラムすなわち，学校の教育内容の組織を指し示す。それは望ましい学習が展開されるように配慮して作成される学校の教育内容の組織のことであり，具体的には学習指導要領がその主たる柱となる。
　ところで近年の学習指導要領の動きで最も注目されている内容とはどのようなものだろうか？　やはりそれは現時点では「道徳教育」であろう。小学校は2018（平成30）年から，中学校は2019（平成31）年から，従前は教科外活動（領域）として位置づけられていた「道徳」が「特別の教科　道徳」となり，教科に格上げされた点であろう。
　具体的な改正点を以下で要約してみよう。第一に，道徳科に検定教科書が導入されることになった。これが「特別の教科　道徳」の根拠の一つとなる。道徳の内容について，学校現場の現状に合わせて，いじめの問題への対応の充実や，発達の段階をより一層踏まえた体系的なものに改善されるべきであろう。特に小学校の道徳には,「個性の伸長」「相互理解，寛容」「公正，公平，社会正義」「国際理解，国際親善」「よりよく生きる喜び」の内容項目が追加され，時代に即した道徳となるように改善されている。さらにこれまでの道徳の視点にはあまりなかった「問題解決的な学習や体験的な学習」などを取り入れ，指導方法を工夫することが盛り込まれた。さらに，数値評価ではなく，児童・生徒の道徳性に係る成長の様子を把握し，文章表記で評価することも決定されている。評価についての具体的な内容は現在，審議中である。また私立小学校・中学校は，これまでどおり「道徳科」に代えて「宗教」を行うことが可能である点は変化がない。こうした「特別の教科　道徳」の導入の背景と特徴をつぶさに見るだけでも，現在，日本の教育界が早急に改善を求められている教育的諸問題が浮き彫りになることが容易に理解できた。
　これまでは道徳教育の教科化のみに焦点をあてて論じてきたが，もう少し大

局的に近年の教育課程の問題を俯瞰してみると，以下の注目される議論が展開されるべきだろう。それは，2000年代の「ゆとり教育」の是非をめぐる内容である。この背景にはOECD（経済協力開発機構）が2000年から世界各国で実施している生徒の学習到達度調査（PISA調査）が深く関連していたことは周知の事実である。同調査によれば，日本の順位が2003年，2006年とも連続で落ち込み，このような状況のなかで2008年2月に文部科学省は，小中学校で学習指導要領の第7次改定案を発表した。総授業数の増加と，系統主義（学問中心）への回帰が主たる特徴である。そこでは「生きる力」の育成は継続するものの，知識の習得，活用する力，学習意欲を身につけさせるために，1968～69年改訂以来，じつに40年ぶりに総授業数と教育内容が増加したのである。本書はこうした大きく変わろうとする教育課程の現実を直視してこれらの教育の諸課題についても考慮されつつ，それぞれの立場から執筆されている。

　関連事項を鳥瞰図的にまとめてみよう。第一に，改正教育基本法，学校教育法等の改正を踏まえた学習指導要領改訂であるという点についてである。新しい教育基本法や学校教育法等の改正等で，公共の精神，生命や自然を尊重する態度，伝統や文化を尊重し，我が国と郷土を愛するとともに，国際社会の平和と発展に寄与する態度を養成することが求められている。またあらゆる学習の基盤となる「言語力」の育成を核として，各教科で論述が重視されるようになった。国語，算数・数学，社会，理科，外国語，体育・保健体育で授業が増加したが，他方で「総合的な学習の時間」は減少し，中学校の選択教科も原則として取りやめることになった。第2に，基礎的・基本的な知識・技能の確実な習得の大切さが説かれ，さらに活用のための思考力・判断力・表現力および主体的な学習態度等が重視されている。各教科のなかで知識・技能が「習得」され，様々な場面で「活用」される。そして習得され活用される知識・技能を使用して，総合的な学習の時間を中心とした「探究」活動が行われる。第3に，思考力・判断力・表現力等の育成が喫緊の課題となり，これらの力を育成するためには，観察・実験，レポートの作成，論述など知識・技能を活用する学習活動を充実させることが求められる。第4に，「確かな学力」を確立するために必要な授業時数の確保が盛り込まれた。2008年（小・中学校）・2009年（高

　　　　　　　　　　　　　　　　　　　　　　　　　　　はしがき

校）の学習指導要領改訂は，一貫性をもった学力観「確かな学力」を明示している。この改訂では「ゆとり」か「詰め込み」かという二項対立的な学力と学習指導の在り方を改め，基礎的・基本的な知識・技能の習得と，思考力・判断力・表現力等の育成とをバランスよく行っていく方針が明確にされた。第5に，学習意欲の向上や学習習慣の確立が求められている。体験的な学習やキャリア教育等を通じて，学ぶ意義を認識することが必要である。また基礎的・基本的な知識・技能の確実な定着を図り，わかる喜びを実感させ，また，豊かな心や健やかな体の育成のための指導の充実が強調されている。

　さて，本書は，主として大学生を対象とした教育課程論の入門書である。それゆえ，テキストという性格上，内外の多くの研究者の成果を援用させていただいたが，引用註は省かざるをえなかった。その代わりに，各章末に参考・引用文献というかたちで諸文献を紹介させていただいた。これらに関係する方々にもお許しを請うとともにこの場をお借りして厚くお礼申しあげます。また本書の刊行にかんして，ミネルヴァ書房編集部の浅井久仁人氏からいつも温かいご配慮をいただき，衷心から感謝申しあげます。

　今後の教師教育研究の課題も多く，筆者たちはさらなる自己研鑽に取り組むつもりである。顧みてなお意に満たない箇所も多々気づくのであるが，これを機会に十分な反省を踏まえつつ，大方のご批判，ご叱正，ご教示を賜り，さらにこの方面でのいっそうの精進に努める所存である。

　　2016年2月22日

　　　　　　　　　　　　　　　　　　　執筆者を代表して　広岡　義之

はじめて学ぶ教育課程　目　次

は し が き

第1章　教育課程とは何か──教育課程の意義と類型

1　教育課程とカリキュラム ……………………………………………… 2
2　カリキュラムの編成 …………………………………………………… 10

第2章　教育の目的と教育課程の編成

1　教育の目的 ……………………………………………………………… 18
2　日本の教育課程と教育の目的 ………………………………………… 21
3　教育課程編成の原理 …………………………………………………… 29

第3章　現代日本の教育課程（学習指導要領）の変遷

1　太平洋戦争前後の学習指導要領の内容の激変 ……………………… 36
2　戦後初期の小・中・高等学校学習指導要領の変遷 ………………… 37
3　高度経済成長期の学習指導要領 ……………………………………… 40
4　「ゆとり」教育へ転換した学習指導要領 …………………………… 43
5　40年ぶりに総授業数が増加し，系統主義に回帰した
　　学習指導要領 ………………………………………………………… 47
　　──2008（平成20〜）（小・中学校）・2009（平成21〜）（高校）年版

第4章　幼児教育・小学校教育における教育課程──教育課程の編成・実施・評価

1　幼児教育における教育課程 …………………………………………… 54

2 小学校の教育課程 ……………………………………………… 63

第5章　中・高等学校における教育課程

1 中等教育の教育課程の特徴 ……………………………………… 74
2 中等教育の教育課程の歴史と課題 ……………………………… 75
3 中等教育の教育課程の文化と制度 ……………………………… 82
4 中等教育制度の政策の動向 ……………………………………… 86

第6章　教育課程の法と行政

1 教育課程に関する法体系 ………………………………………… 90
2 学校における教育課程の管理・運営の実際 …………………… 102

第7章　諸外国における教育課程の現状

1 イギリスの教育課程 ……………………………………………… 108
2 フランスの教育課程 ……………………………………………… 111
3 ドイツの教育課程 ………………………………………………… 113
4 アメリカの教育課程 ……………………………………………… 117
5 その他諸外国の教育課程 ………………………………………… 121

第8章　近年の教育改革の動向および今後の課題

1 1990年代以降の教育改革の主要テーマ ……………………… 130
2 カリキュラム改革の動向 ………………………………………… 132
　　　——学力観における子ども中心主義と大衆主義
3 カリキュラム周辺領域の改革 …………………………………… 139
　　　——学校コミュニティの創造

4　今後の課題と展望 …………………………………………………… *143*

第9章　教育課程が登場するまで——西洋における教育理念と教育方法の歴史的展開

1　西洋古代の教育理念 ………………………………………………… *148*
2　西洋中世の教育理念 ………………………………………………… *151*
3　ルネサンス・宗教改革・反宗教改革の時代の教育理念 ……… *153*
4　バロック時代から近代における教育理念 ……………………… *155*
5　近代から現代における教育理念 ………………………………… *159*

第10章　教育課程上の諸課題と展望

1　教育課程の3つの関係概念 ………………………………………… *164*
2　学校と教育課程 ……………………………………………………… *168*
3　海外における教育実践書から …………………………………… *169*
4　最近のカリキュラム研究について ……………………………… *170*
5　今後の教育課程 ……………………………………………………… *178*

人名索引・事項索引

第 1 章
教育課程とは何か
―――教育課程の意義と類型―――

　学校教育は，各学校が編成する「教育課程」に沿って進められるものである。その「教育課程」とは何か？　そして，何のために編成されるのか？について述べるのが本章の役割である。ただ，「教育課程」についての定義や説明が一元化されているわけではない上に，一般に「教育課程」の原語であるとされている「カリキュラム」についても確たる使い分けがなされないまま使用されているのが現状である。

　そこで，本章では，まず，「教育課程」や「カリキュラム」について代表的なとらえ方を複数紹介して整理した上で，教育現場での具体的な場面に置き換えて説明を行う。

　次に，「教育課程」や「カリキュラム」を編成する上での二大原理である「経験主義」と「系統主義」に基づいてその類型を取り上げ，それぞれの意義や事例を検討する。

1 教育課程とカリキュラム

「教育課程」という用語からまず連想するのは，学習指導要領であろう。筆者の知る限りでは，実際の学校現場においても，そのような意識の先生方が多いように思うし，実際の学校現場ではそれで十分であったのかもしれない。

では，「教育課程」と同義で使われている感のある「カリキュラム」とはどのような関係にあるのだろうか。単に，訳語と原語という関係なのか，あるいは，厳密な使い分けがなされているのであろうか。

本節では，このような語義にこだわって「教育課程やカリキュラムとは何か？」について考察する。

（1）学習指導要領と教育課程

学習指導要領総則（2015年3月一部改正版）によれば，学校において編成する教育課程は，教育基本法や学校教育法をはじめとする教育課程に関する法令に従い，各教科，道徳科（2015年3月の一部改正により，「特別の教科　道徳」と改められ，「道徳科」と略記されている。），外国語活動（小学校の学習指導要領総則においてのみの記述），総合的な学習の時間及び特別活動について，それらの目標やねらいを実現するよう教育の内容を学年に応じ，授業時数との関連において総合的に組織した各学校の教育計画である。

そもそも，我が国では，戦前に使用していた「教科課程」や「学科課程」を改め，1951（昭和26）年の学習指導要領（試案）＊から「教育課程」を使うようになった。ここでは，「教育課程は，児童や生徒たちが望ましい成長発達を遂げるために必要な諸経験をかれらに提供しようとする全体計画」であり，「教科や教科以外の活動の内容や種類を学年的に配当づけたもの」とされていた。また，「教育課程は，現在の社会目的に照らして，児童や生徒をその可能の最大限にまで発達させるために，児童や生徒に提供せられる環境であり，また手段」であるから，「それぞれの学校で，その地域の社会生活に即して教育の目標を考え，その地域の児童や生徒の生活を考えて定める」べきであると明記さ

＊戦後まもない1947年，アメリカのコース・オブ・スタディを範にして我が国初の学習指導要領（試案）として刊行され，1951年にも「試案」のまま改訂された。1947年版の冒頭では，「この書は，学習の指導について述べるのが目的であるが，これまでの教師用書のように，一つの動かすことのできない道をきめて，それを示そうとするような目的でつくられたものではない。新しく児童の要求と社会の要求とに応じて生まれた教科課程をどんなふうにして生かしていくかを教師自身が自分で研究して行く手びきとして書かれたものである。」とその意義を明示している。

これは，学習指導要領総則においても，「各学校においては，教育基本法及び学校教育法その他の法令並びにこの章以下に示すところに従い，児童の人間として調和のとれた育成を目指し，地域や学校の実態及び児童の心身の発達の段階や特性を十分考慮して，適切な教育課程を編成するものとし，これらに掲げる目標を達成するよう教育を行うものとする。」と継承されている。

つまり，各学校が，「教育基本法」「学校教育法」「学校教育法施行規則」「地方教育行政の組織及び運営に関する法律」や「学習指導要領」に従って，地域や学校の実態および児童の心身の発達の段階や特性を考慮して，それらの目標達成のための教育を実施するために編成するのが教育課程である。

（2）カリキュラム

「カリキュラム」(curriculum) は，競馬場とか競争路のコースを意味するラテン語の「クレーレ」(currere) が語源であり，「目標に向けた道筋」という意味がある。「教育課程」とは，原語と訳語という関係であるとのとらえ方が一般的であるため，両者の明確な使い分けがされていない印象が強い。

そこで，複数の文献から「カリキュラム」に関する語義について検討してみたい。

まず，『教育学用語辞典　第四版改訂版』では，「カリキュラムとは，学校が教育目標を達成するために，児童生徒に対して教授すべき内容を体系化した教育活動の全体計画を意味する。『教育課程』はその意味で用いられる行政上の用語で，今日，その国家基準とされているのが学習指導要領である。」(p. 47) と説明している。これは，前項で述べたことを端的に表現していて，「教育課

程＝カリキュラム」であるという立場をとっている。

　次に，『第3版　学校教育辞典』では，「いわゆる『コースオブスタディ』と同義。『人生の経歴』をも含意することから転じて，教育目標を達成するために学校で用意される『学習経験の総体』を意味することになった。現在では，より広義のカリキュラム観をとり，教育目標，教育内容・教材，教授・学習活動および評価方法を含意するだけでなく，顕在的（manifest）カリキュラム（本節（5）で述べる）と潜在的（hidden）カリキュラム（本節（5）で述べる）の両方を包含する概念」（p. 159）とされている。したがって，「教育課程＜カリキュラム＝顕在的カリキュラム＋潜在的カリキュラム」と表現することができよう。

　さらに，『教育課程重要用語300の基礎知識』では，両者の違いを次の3点に整理している（p. 21）。

①「教育課程」には，いわゆる「かくれたカリキュラム」（潜在的カリキュラムのことで，後述する）の意味が含まれない。

②「教育課程」は，教える側からみた計画や，枠づけ，つまり「何を教える（た）か」という視点を優先し，「カリキュラム」は，子どもの側からみて，学習して身につける（た）ものという観点からとらえる。

　つまり，「カリキュラム」は，「子どもは何を学習したか」，「学びの履歴」といった意味を強く含意して用いられるのだという。

③「教育課程」は，教育内容についての国家的基準によるプラン，しかも立案（構成）レベルのものを表す用語であり，その展開過程は含まれていない。「カリキュラム」には目標，内容・教材のほか，教授・学習活動，評価の活動なども含んだ広い概念。

　このように，「教育課程」や「カリキュラム」の語義やとらえ方には，様々な立場があり，統一された定義があるわけではない。ただ，今日の学校教育では，教科指導のみならず生徒指導においても「子ども本位」へとシフトしていくことが求められているのであるから，『教育課程重要用語300の基礎知識』が示すような「カリキュラム」として広くとらえる必要があるといえる。

（3） 4つのカリキュラムレベル

　前項で触れたように，学校では何を教えるのかという教育実践に重点を置いた全体計画としての性格が強い「教育課程」という従来の考え方を押し広げ，子どもが「何を学んだのか」という学習経験にまで拡大してとらえようとする立場から「カリキュラム」ととらえようとすることが求められている。

　山内（2013）は，前者を「狭義の教育課程」，後者は，今日的なとらえ方をすることから「広義の教育課程」として「カリキュラム」と呼ぶ場合があることを図1-1のように整理している。

　つまり，「教育課程」か「カリキュラム」かという用語の問題ではなく，学校教育そのものをどのような視点からとらえようとするのかが本質的な問題であるということを示唆しているのである。

　さらに，図1-1に示されている4つのレベルのカリキュラムについて表1-1のように例示している。

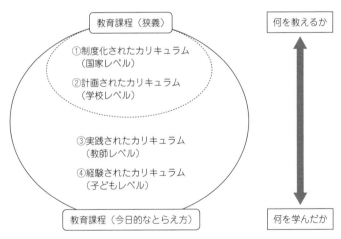

図1-1　広がる教育課程の概念

出所：山内（2013）。

　ここで，実際の教室をイメージしてみよう。まず，黒板の周囲の壁面には，そのクラスの時間割表が掲示され，児童・生徒は教科書を机の上に広げ，先生が板書することをノートに取ったり，練習問題を解いたりして学習しているだ

表1-1　カリキュラムの構成要素（一部筆者加筆）

①制度化された カリキュラム	教育基本法，学校教育法，学校教育施行規則，学習指導要領，文部科学省令，国家試験内容，等
②計画されたカリキュラム	学校の年間計画，教育課程編成表，時間割表，学校保健計画，防災計画，各種計画，等
③実践されたカリキュラム	授業計画，授業方法，教室環境整備，教育方法，授業技術，教育資源の利用，教育評価，学習者の態度，等
④経験されたカリキュラム	学習者が獲得した知識，作品，パフォーマンス，学力，学習成果，テスト，等

出所：山内（2013）。

ろう。また，隣のクラスでは，正に今，単元末のテストに取り組んでいるかもしれない。この場面では，「時間割表」や「教科書」が「②計画されたカリキュラム」，「先生の指導」や「板書やノートに取った内容」は「③実践されたカリキュラム」，「解いた問題」や「テスト結果」は「④経験されたカリキュラム」に該当する。そして，それらは，国家レベルの「①制度化されたカリキュラム」に則って行われなければならないのである。

したがって，4つのレベルのカリキュラム間には，「①＞②＞③＞④」という不等式が成立することがわかる。たとえば，先生が授業で指導した内容がすべての児童・生徒に100％理解されることは理想ではあるが，実際にはあり得ないので，③＞④となるように，国家レベルと学校レベル，学校レベルと教師レベル，教師レベルと子どもレベル，それぞれの間には，程度の差こそあれ何らかのロスやギャップが生じてしまうのである。

筆者は，学力問題について考える場合，この不等式において，②と③と④，とりわけ③と④の間に生じるギャップをいかに最小限にとどめることができるかに焦点化しなければならないと考えている。①と②の間には，検定教科書が存在する以上，大多数の学校においては，如何ともし難い。その教科書を各教師が十分に理解した上で授業を行い，かつ，個々の子どもの学習状況におけるレベルのギャップを埋める努力が必要になる。

2007年度からスタートした全国学力・学習状況調査の結果が示唆しているのは，この②と③と④の齟齬に着目した取り組みを進めるべきということであり，結果をランキング形式にして公表することによって学校や教師の責任を追及す

ることを求めているのではない。なぜならば、「もし重大な決定がテストの結果によって下されるとき、教師はテストに向けた指導をすることになる」という原理（ギップス 2001）が示すように、行き過ぎた成果主義が行き着くところは、特別な配慮を要する子どもを欠席させたり、テストの監察役が子どもに解答を書き直させたりという過去の事例が示している。

　この調査には、報告書の他に「授業アイディア例」が提示されている。すなわち、④から③を改善するための授業レベルでの具体的な改善策を提案しているのである。しかも、その例示は、常に①の学習指導要領やその解説に依拠していることから、「①＞②＞③＞④」において、①と③のギャップを可能な限り縮小させたいという意図が読み取れる。

　このように子どもが何を学んだのかという結果からカリキュラムをさかのぼって検証していくことがカリキュラム・マネジメントの第一歩となる。

（4）カリキュラム・マネジメント

　我が国においては、「教育課程」や「カリキュラム」というとらえ方が根付いていないと言われてきた。そのため、2017年度に改訂された学習指導要領では、「カリキュラム・マネジメント」を各学校に位置づけるようにすることが、以下のように諮問されていた。

> 　学習指導要領等に基づき、各学校において育成すべき資質・能力を踏まえた教育課程を編成していく上で、どのような取組が求められるか。また、各学校における教育課程の編成、実施、評価、改善の一連のカリキュラム・マネジメントを普及させていくためには、どのような支援が必要か。

　この諮問文によれば、カリキュラム・マネジメントとは、各学校において教育課程を編成し、実施してその成果と課題を評価し、次年度に向けて改善を図るというPDCAサイクルによる教育実践の在り方を指している。一見、当然のことのような印象を受けるのだが、なぜ、日本ではこのような取り組みが根付いてこなかったのであろう。

　我が国においては、戦前の国定教科書と戦後の検定教科書という違いはある

ものの，いずれにしても均一化された教科書の存在がその要因の一つとして挙げられる。すなわち，いつ，何を，どの程度まで教えるのかという教育課程を学校や教師毎に編成しなくても，教科書や教師用指導書等が示す順序や内容に従えば，学習指導要領で求められる当該学年の目標や内容が一通りは実施できるのである。

一方，欧米においては，イギリスのように，1988年に教育法が成立するまで，我が国の学習指導要領のような内容に関する規定が存在せず，個々の学校や教師に教育内容が委ねられていたケースが一般的であった。そのため，校長の学校経営方針に沿った教育課程が編成され，教師もその実現に向けた教育実践を進めてきたのである。

そこで，今後は，「カリキュラム」を大事にした教育実践を進めるということを次期学習指導要領では求めているのである。つまり，各学校では，各種法令の枠組みのなかで，どのような理念で教育活動に当たるのか，また，その理念はどのような子どもや保護者・地域の実態あるいは要請を反映しているのか，というようないわゆる学校の教育目標や育てる子ども像などをどの程度実現できたのかということを拠り所として教育活動を検証することである。

（5）顕在的カリキュラムと潜在的カリキュラム

まず，「顕在的カリキュラム」と「潜在的カリキュラム」の両者を具体的にとらえるため，中学3年生の数学の授業が行われている教室を思い浮かべてみよう。

たとえば，教室の前方にある黒板横の壁面には，時間割表が掲示されているだろう。また，黒板には，三平方の定理を説明するための図や「$a^2 + b^2 = c^2$」という公式が板書されているだろう。生徒は，ワークシートに，板書された図や公式を書き込んでいるし，先取りした学習ができている生徒は，すでにすべての空欄を埋めてしまって，次の英語の授業で行われる小テストに向けた勉強に傾倒しているかもしれない。

先生が，教科書の例題を取り上げ，「では，aが3，bが4の場合，cを求めなさい」と，ある生徒を指名したところ，その生徒は，何も答えずにずっと黙

っている。しかたなく，先生は，別の生徒を指名してcを求めさせた。さらに，先生は，「こういう問題は，期末テストに出すから，解けるようにしておこう。」とつぶやく。

このような場面は，日常的によくある光景であろうが，ここにさまざまな「カリキュラム」が出現していることを意識したい。

まず，教科書，板書，ワークシートなどは，この時間の学習内容を表しているし，時間割表は，この学校，この学年・クラスで学習する教科等の一覧表である。これらは，いずれも学校の教育目標に沿って，意図的で計画的，組織的に行われる明示的なカリキュラムで「顕在的カリキュラム」と呼んでいる。

一方，教師が無意識のうちに生徒に対して何らかの学びをさせている「潜在的カリキュラム」と呼ばれるものがある。「潜在的カリキュラム」とは，上述の場面では，次の3つの可能性が考えられる。

まず，ワークシートの課題を早く終わらせてしまった生徒が，先生に注意されることなく次時の英語の小テストに向けた勉強を続けていたが，これは，本人や隣でそれを見ている生徒にとっては，「授業以外のことをしていても，見つからなければ構わないんだ。」と理解してしまうかもしれない。また，初めに指名された生徒が黙っていたため，先生は別の生徒を指名し直したが，ここでは，「指名されても黙っていれば発言しなくても済むんだ。」という学習をしてしまった生徒がいるかもしれない。さらに，先生が，「こういう問題は，期末テストに出るよ」とつぶやくことによって，「テストに出題されることだけを勉強すればいいんだ」というメッセージを受け取ってしまう生徒もいるかもしれない。

上述の場面以外に典型的な「潜在的カリキュラム」では，「ジェンダー」の問題が指摘されている。たとえば，先生が女の子には「さん」，男の子には「くん」と名前を呼び分けることや，男女を色分けする場面が学校では多くあるが，これらは，「男らしさ」「女らしさ」という社会的につくられてきた性的役割を知らず知らずのうちに学校という場で学ばせていることになる。

また，小学校で使用される国語科の教科書で扱われる教材や挿絵，人称代名詞などを詳細に検討した結果，「男性中心」「性別役割規範」「男女二元論」「異

性愛主義」という4つの「潜在的カリキュラム」が認められるという永田（2012）の研究もある。

このように,「潜在的カリキュラム」は,自覚的であれ無自覚的であれ,教師の言動や学校のもつ伝統や文化により醸成されていくという点で,見逃せないカリキュラムの側面であると言える。

かつて,我が国の中学校では,女子は家庭科,男子は技術科を学習していた時代があった。1993年以降の学習指導要領では,男女共に技術・家庭科として男女共修になったが,このことは,男女の社会的文化的な性差に対する偏見を固定することになっていたのであるが,これは,「顕在的カリキュラム」として「ジェンダー」が刷り込まれてきたという見方もできる。

したがって,いじめや学級崩壊などの教育課題が山積する学校現場においては,「潜在的カリキュラム」の影響を考慮した教育活動を進めていく必要がある。

2　カリキュラムの編成

（1）カリキュラム編成の二大原理

カリキュラムを編成する際の二大原理として,「経験主義」と「系統主義」とがある。「経験主義」とは,子どもの生活経験における興味や関心を出発点とする活動的な学習を組織することによって,教育内容と学習の方法の個性化・協同化を図ろうとする直接体験中心のカリキュラムのことである。我が国では,1951年の学習指導要領（試案）がその典型で,「経験の組織が教科である」と明記されたように,教科の学習においても生活場面での活動を取り上げて単元を構成する「生活単元学習」として位置づけられた。このことによって,小学校においては,従来の9教科が4領域に再構成されることになった。すなわち,国語と算数を「主として学習の技能を発達させるのに必要な教科」,社会と理科を「主として社会や自然についての問題解決の経験を発展させる教科」,音楽・図画工作・家庭を「主として創造的要素を発達させる教科」,体育を「主として健康の保持増進を助ける教科」とした。実際の授業においては,

これらの領域ごとに合科的に実施することが求められ，授業時間数としてではなく，全授業時間数に占める各領域の割合として設定された。ただし，中学校においては，このように大きな教科の再編はされなかった。

これに対して系統主義は，科学の概念や方法の習得に主眼が置かれ，知識の体系に従って系統的に学習内容が組織される。我が国では，「教育の現代化」と呼ばれる1968（昭和43）年の学習指導要領がこの典型である。この学習指導要領下では，たとえば，集合や関数の概念，負の数が小学校の算数科で扱われるなど，中学・高校ともに理数科での大胆なカリキュラム改革となった。

第3章で我が国の学習指導要領の変遷を詳述することになるが，戦後の教育は，この経験主義と系統主義とを二軸として，その間を振り子のように振れ続けてきたという経緯がある。

田浦（1986）をもとに，両者の長所と短所とを表1-2に端的に整理したが，実際の授業づくりにおいては，どちらか二者択一的な発想ではなく，両者の長所を取り入れた授業を展開することが肝要となる。つまり，学習者にとって生活場面に密接な学習課題や問題場面を設定することによって，興味や関心を高めた上で，教科の内容を系統的に学習することができるように心がけることが求められる。

表1-2　系統主義と経験主義の長所と短所

	長　　所	短　　所
系統主義	・文化遺産を系統的に学べる ・構成が簡単で評価もしやすい ・長い伝統があり教師も慣れている	・教科書中心で理解より暗記になりやすい ・知識注入に偏り，社会性の育成や創造性の伸長を忘れがち
経験主義	・学習者の興味や問題から出発するので，学習活動が活発で効果的 ・学習が生活の場に密接に結びつく ・自主的な学習が民主的価値を発展させる	・現在の問題に関心が集中し，文化体系の習得が困難 ・社会や文化の変化への対応が遅れがち ・学校や地域社会の体制が適切に整えられにくい

出所：田浦（1986）。

たとえば，小学2年生で学習する2位数の減法の授業を例に，両者の違いを具体的にイメージしてみよう。

まず，現在使用されている算数科の教科書では，場面設定の違いこそあれ，

以下のような生活場面を問題にしている。ここでは，39－15という計算を考えるために，お菓子を買うという生活の場面を設定しているのである。

> けんじさんは39円もっています。15円のおかしを買います。のこりはいくらですか。

しかし，この場合，「15円のお菓子を買い，50円を出したときのおつりはいくらでしょうか。」とする方が，子どもたちには，よりリアルな生活経験として問題解決をする必然性が生まれるに違いない。この考え方で授業を展開しようとするのが，経験主義的な立場である。

では，なぜ，教科書では，「39－15」という課題から始めるのだろうか。ここに，系統主義の立場が現れているのである。すなわち，「39－15」ならば，「50－15」とは違い，繰り下がりや空位の計算をする必要がないため，既習事項である一桁の引き算によって解決できる。つまり，易から難へという学習内容の配列がなされているのである。いわゆる計算ドリルなどは，この考え方で型分けされた計算問題が，易から難へと網羅的に配列されている。

このように，実際の授業においては，教科書の順序に従ってその内容を忠実に教えていればよいというのではなく，経験主義と系統主義という立場を理解した上で教材を解釈して工夫することが，子どもの学びを高めるためにも有効なのである。

このような立場から編成されたカリキュラムを分類すると，「学問中心カリキュラム」と「人間中心カリキュラム」というとらえ方ができる。

前者は，ブルーナー（Bruner, J. S.）による「どの教科でも，知的性格をそのまま保って，発達のどの段階の子どもにも効果的に教えることができる[*]」という主張に基づいて，学問の構造を反映させたカリキュラムである。学問中心カリキュラムの内容は，親学問の系統性に従って編成され，授業を通じての教育内容の習得により，子どもが次の発達段階に誘いこまれるような科学的概念と学問的知識によって構成される。このため，学問主義，専門主義のカリキュラムとして特徴づけられる。つまり，系統主義によるカリキュラム編成である。

＊著作『教育の過程』のなかで，ブルーナーは「物理を学習している男の生徒はい

わば物理学者なのであって，その生徒にとっては，物理学者がするように物理を学習することのほうが，ほかのなにかをするよりも容易なのである。」「どの教科でも知的性格をそのままにたもって発達のどの段階のどの子どもにも効果的に教えることができるという仮説からはじめることにしよう。これは，教育課程というものを考えるうえで，大胆で，しかも本質的な仮説である。」と述べ，教科を「構造化」し，「科学の方法」「探究の過程」を重視することによってすべての生徒に科学の本質を教えることが可能であるとした。

一方，後者は，「学校は子どもが中心となり，そのときの，それにふさわしい生活をなす場であるべき」という主張をもとに，子どもの興味や関心を重視し，地域社会との交流を図ろうとした経験主義によるカリキュラムである。これは，「Learning by doing（なすことによって学ぶ）」というデューイ（Dewey, J.）の有名な言葉に象徴されているように，伝統的な教師による教授中心の教育ではなく，子どもが主体的・能動的に学ぶことを重視する立場である。

日本では，戦後の新教育の理論的，実践的基盤となり，その後創設された「総合的な学習の時間」のねらいにもなっている。しかし，一方で，生活経験を重視しようとするあまり，伝統的な学問体系の教授が軽視され，断片的な学習に終わって知識の定着が不十分であったり，経験することが目的化された活動主義に陥りがちになったりするなど，「這い回る経験主義」と批判されることになった。

（2）カリキュラム類型

カリキュラムの編成に当たっては，教育内容をどのように選択して組織するのかという原理の設定の仕方によって異なったカリキュラムができあがることになる。これをカリキュラム類型と呼ぶのだが，教育内容に着目すると，「教科カリキュラム」と「経験カリキュラム」に類型化することができ，教科相互の関連に着目すると，「分化カリキュラム」と「統合カリキュラム」に類型化できる。

また，これらの類型についても立場の違いによって様々な分類が示されており，定まった類型はないといえるのだが，ここでは，ホプキンス（Hopkins, L. T.）による6つの類型を紹介しておく。

① 教科カリキュラム（Subject curriculum）

　現在の初等・中等教育の教育機関で行われている，国語・社会・算数（数学）・理科などの教科で構成されるカリキュラムである。このカリキュラムでは，学問の体系がそのまま教科の内容の体系となるため，カリキュラム編成が容易であり，知識や技能を体系的かつ効率的に教えることが可能であると考えられ，歴史的にも長きにわたって採用されている。しかし，その反面，学習者の興味・関心を軽視した授業に陥りやすいという問題点が指摘され続けてきた。

② 相関カリキュラム（Correlated curriculum）

　教科カリキュラムによる教科相互の独立性は保ちながら，学習効果の向上のために，内容的に2つ以上の教科を関係づけようとするカリキュラムで，「クロスカリキュラム」がこれに当たる。たとえば，「環境教育」という学習テーマについて，各教科の枠組みのなかで環境問題を考える資質や能力を育成する授業を展開していこうとする考え方である。これは，「総合的な学習の時間」での環境問題への取り組み方とは，教科の目的や内容などの枠組みを保つかどうかという点において異なるのである。

③ 融合カリキュラム（Fused curriculum）

　教科の学習を中心とするが，問題の範囲を覆う教科間の境界を取り払ったカリキュラムで，地理・歴史・公民の融合としての社会科や，物理学・化学・生物学・地学の融合としての理科などがこれに当たる。

④ 広（領）域カリキュラム（Broad-fields curriculum）

　教科の枠組みを取り払って，より広領域で教育内容が再編成されたカリキュラムで，理科と社会科とを生活経験という視点からとらえた生活科や，幼稚園での5領域「健康」「人間関係」「環境」「言葉」「表現」や，「人文社会」と「自然科学」などの領域がある。

⑤ コア・カリキュラム (Core curriculum)

特定の教科や学習者の関心，社会の問題などを中核（コア）として，その周辺に基礎的な知識や技能などを配置して構造化されたカリキュラムで，1930年代のアメリカで実践された「ヴァージニア・プラン」はその代表である。戦後の日本でも，千葉県の「北条プラン」や兵庫県の「明石プラン」など学校名を冠したカリキュラムの作成が盛んになり，経験主義教育の全盛期をもたらした。

⑥ 経験カリキュラム (Experience curriculum)

既存の学問や教科の体系ではなく，学習者の興味と欲求とから作成されたカリキュラムであり，教科の枠組みはなく，教育活動は学習者の生活そのものとなる。このカリキュラムの特徴は，学習者の生活経験を充実させるとともに，連続的に質の高いものへと発展させることによって学習者の主体性と社会性の育成をねらうこと，教育内容としての生活経験を学習者の欲求や興味あるいは社会の要求によって構成すること，学習者の問題解決的な活動を進めることで必要な知識や技能の獲得を図ることが挙げられる。

以上のカリキュラム類型を整理すると，表1-3のように表現することができる。

表1-3 カリキュラム類型

経験主義	⑥経験カリキュラム	⑤コアカリキュラム	④広域カリキュラム	③融合カリキュラム	②相関カリキュラム	①教科カリキュラム	系統主義
子ども中心カリキュラム						学問中心カリキュラム	

（3）再び教育課程とは

これまで見てきたように，たとえば「経験主義か系統主義か」というように，学校現場においては，二者択一的な教育実践に陥ってしまいがちであり，それ

は，我が国のみならず，諸外国の教育史を振り返っても明らかである。

　しかし，教育現場においては，このような相対する立場があるということ，そして，どちらにも長所と短所とがあるということ，さらには，日々の教育活動は，誰のため，何のために行われるべきものなのかを，児童・生徒も含めたすべての利害関係者が共有しようとすることが求められている。そうすることによって，単に教科書の内容を配列順に所定の期間内に終えようとする伝統的で狭い教育課程観から，子どもは何を学ぶべきか，何を学んだか，それは何のためかを常に問い続けようとする今日的なカリキュラム観へとシフトしていくことになる。

　今後，学習指導要領の改訂と共に，「教育課程」を問う営みが「カリキュラム・マネジメント」の第一歩として学校現場で活発に議論されるであろう。

参考文献
天野正輝（1999）『教育課程重要用語300の基礎知識』明治図書.
今野喜清・新井郁男・児島邦宏（2014）『第3版　学校教育辞典』教育出版.
岩内亮一・本吉修二・明石要一（2010）『教育学用語辞典第四版改訂版』学文社.
田浦武雄（1986）『教育学概論』放送大学振興会.
東京書籍（2011）『新しい算数』東京書籍.
永田麻詠（2012）「小学校国語教科書に見る隠れたカリキュラムの考察――ジェンダーおよびクィアの観点から」『国語教育思想研究』国語教育思想研究会：37-46.
文部科学省（2009）『小学校学習指導要領』東京書籍.
山内紀幸（2013）『教育課程論』一藝社.
http://ameblo.jp/tenajunior/entry-11531975201.html

（福本義久）

第 2 章
教育の目的と教育課程の編成

　教育によってどのような人間が育つことを期待するのか，何を目指して教育するのか，という究極的なねらいを示すものが「教育目的」であって，意図的な教育を実践する上で教育の目的は欠かすことができない。そこで本章では，意図的な教育計画である教育課程の編成を考察するにあたり，まずは教育課程において実現が求められている，教育の目的とはどのようなものであるかを第1節で考える。続く第2節では，現在の日本の学校教育が目指す教育の目的と教育課程の編成に対する考え方を明確化する。そのために，現行の教育基本法・学校教育法に規定された教育の目的および目標，ならびに学習指導要領に示された教育課程の編成指針について検討する。さらに第3節では，教育目的により導かれた教育課程編成の原理について確認したい。ここでは教育課程編成を考える上で今なお強い影響力を備えている「タイラーの原理」が提起する問題を採り上げ，各学校で教育課程を編成するにあたって配慮すべき事柄は何かを考察する。

1 教育の目的

(1) 教育目的の重要性

　アメリカの教育学者ラルフ・タイラー (Ralph Winifred Tyler) は，教育課程論の古典的著作である『カリキュラムと教授の基礎原理』(*Basic principles of curriculum and instruction*) の第一章で「学校はどのような教育目的を達成しようと努めるべきか」(Tyler 1949：3) と提起し，教育課程を編成するうえで教育目的を定めることが第一の課題である，としている。そしてタイラーは，多くの教育計画が明確な目的を定めておらず，また多くの教師が教育目標について明確な考えをもっていないと批判したうえで，教育プログラムを計画し，絶えず改善しようと努めるなら，ねらいとする目標を考える必要があるし，実に教育計画のあらゆる面が基本的な教育目的を達成する手段である，と指摘する (Tyler 1949：3)。

　ここでタイラーが指摘するように，教育課程を編成するにあたって教育目的を考慮することはきわめて重要である。なぜなら，目的が定まっていなければ，いかに精密な科学的手法を用いて教育課程を編成したとしても，そこでの教育課程編成は目指す当てのない道のりを平坦にする，無駄な道路工事のようなものになってしまうからである。また，教育者が目的に無自覚なまま，与えられただけの教育計画を遂行したとすれば，望ましくない目的へと学習者を導きかねない（三井 1976：110）。

　このような教育目的をめぐる問題について，教育哲学者の三井浩は，教育目的に無関心なため，浅薄な通俗目的やよこしまな政治目的に無意識的に利用されたり，あるいはそれらに意識的に迎合するような教育技術・教育科学は，しばしば見聞きしている事実であり，教育目的論の軽視が従来の教育学や教育実践を誤らせた，と批判する（三井 1976：110）。戦争の世紀を生き，時代の教育について熟慮した三井の言葉には，事実に裏づけられた重みがある。この言葉に従うなら，これからの教育実践を考えるわれわれは，教育目的論に常に注意を払いながら，教育課程の編成について探求する必要があるといえよう。

(2)「目的」と「目標」

　教育目的とよく似た言葉に教育目標がある。日常的な言葉づかいで「目的」と「目標」とはあまり厳密に使い分けられていないが，それぞれの言葉の意味に違いはあるのだろうか。

　『広辞苑』(第三版)によると，「目的」の第一の意味は「成し遂げようと目ざす事柄。めあて。」(新村 1990：1396)とある。それに対し「目標」の意味は「めじるし。目的を達成するために設けた，めあて。」(新村 1990：1396)と定義されている。ここに記された二語の意味を比較すると，目あてという広義においては共通であるが，狭義においては，最終到達地点である目的に至るまでに達すべき通過地点が目標とされているのがわかる。

　次に『新明解国語辞典』(第七版)を参照すると，「目的」の意味として「行動を始めるに際して，最終的な成果として期待し，その実現に向かって努力しようとする事柄。」(山田 2012：1499)とある一方，「目標」の意味は，「行動するに際して，そこまでは到達しよう(させよう)と決めたところ(こと)。」(山田 2012：1500)とある。目的は努力を続けるために設けられる究極のねらいであるのに対し，目標は達成し獲得することが可能なねらいという区別が，それぞれの定義から認められる。

　さらに『大辞泉』(第一版)では，見出し語の「目的」に続いて，「目的・目標」の違いにかんする次のような用法解説が記述されている。

> 　「目的」は，「目標」に比べ抽象的で長期にわたる目あてであり，内容に重点を置いて使う。「人生の目的を立身出世に置く」◇「目標」は，目ざす地点・数値・数量などに重点があり，「目標は前方3000メートルの丘の上」「今週の売り上げ目標」のようにより具体的である。　　(松村 1995：2621)

　上述の説明では，二語の使用上の違いがさらに詳細に示されており，「目的」が抽象的・長期的で内容に重点をおくのに対して，「目標」はより具体的で，地点・数値・数量などに重点をおくとされている。これより，目的が実現の可否にかかわらず，高く価値づけられた内容を重視するのに対し，目標は実現・

達成が判別できる現実的・具体的な指標を重視しているといえる。

　三種の辞典をもとに目的と目標の用語の性格を対照すると，次のようにまとめられる。

	〈目的〉		〈目標〉
	目あて	（共通）	目あて
	最終地点	←（違い）→	通過地点
	達成困難でも可	←（違い）→	達成可能
	抽象的	←（違い）→	具体的
	長期的	←（違い）→	短期的
	目指す内容に重点	←（違い）→	目指す地点・数値・数量に重点

（3）教育目的と教育目標

　前項では「目的」と「目標」の違いを確認したが，「教育目的」と「教育目標」という語は，教育法令上でも明確に使い分けがなされている。

　それぞれの意味と意義を考えるならば，教育目的とは，教育活動を通じて学習者が体得するように望まれる，長期的な観点に立った究極的な価値であり，いわば理想像である。たとえば，「人格の完成」という教育目的を考えたとき，「完成した人格」とはあくまで抽象的・普遍的な概念であって，そのうちにどのような個別的要素があるかは一様に定められるものではなく，また多様な個性，多元的な価値があると考えるならば定めるべきではないはずである。さらにいえば，教育によって所期の目的が達成されたと断定するのは容易ではないし，教育者が自らの教育によって，究極的なねらいである教育目的を達成したと自負するのは，諫められるべき傲慢（ὕβρις）であろう。しかし，目指すべき高みとして教育目的を措定し，それによって，学習者の努力や教育者の援助の方向づけがなされることには意義がある。

　それに対して教育目標は，遠くにある目あてである教育目的に向かう途中に立てられた道標として，教育活動を通じて学習者が達成すべき具体的・特殊的な目あてである。複数の段階的な目標が設定されることによって，理想である教育目的へと近づくための橋渡しがなされるが，これを教育課程編成上の意味

から考えると，学習者と教育者の双方に利益があると考えられる。

　まず学習者にとっては，教育目的と比べて短期的に実現可能な教育目標を意識した教育活動が構成されることで，到達地点が鮮明になり，目標達成に向けて努力を継続する意欲がはぐくまれる。そして教育者にとっては，学習者の教育目標の達成度を精査することによって，各学習者の学習状況を把握し各人によって異なる学習到達度を評価する規準になる。ただ，教育目標として心情や道義的項目などを掲げるのであれば，それらの到達度評価の実施は困難であるというだけでなく，思想及び良心の自由を妨げることにもなりかねず，そもそも行うべきではないと考えられる。そのため設定される教育目標のすべてが学習評価の規準に適しているとはいえない。

　一方で教育目標は，みずからの教育活動が適切であったかを教育者自身が評価するための規準にもなる。設定した教育目標に達する学習者が少ないとすれば，学習者の実像に対する教師の理解やそれをふまえた授業方法，時間配分など，教育活動の展開に無理があったためと考えられるからである。教育活動の問題点を反省し，教育課程の編成に生かすことを考えるならば，教育目標は教育者にとって，学習者の評価規準としてよりもみずからの行った教育活動の評価規準としての意義が大きいといえよう。

2　日本の教育課程と教育の目的

(1) 教育課程編成の一般方針

　小学校・中学校・高等学校学習指導要領の第1章総則では，すべてその第1（高等学校では「第1款」）に「教育課程編成の一般方針」が示されている。以下に中学校学習指導要領（平成20年改訂）より「一般方針」の冒頭部を引用する（小学校，高等学校学習指導要領とは一部文言に差異があるが，内容はおおむね共通）。

> 　各学校においては，教育基本法及び学校教育法その他の法令並びにこの章以下に示すところに従い，生徒の人間として調和のとれた育成を目指し，地域や学校の実態及

> び生徒の心身の発達の段階や特性等を十分考慮して、適切な教育課程を編成するものとし、これらに掲げる目標を達成するよう教育を行うものとする。

　教育課程は学校の教育計画であるので、具体的な教育課程の編成は、教育活動を中心的なはたらきとするそれぞれの学校が、児童・生徒や地域の実態に即して行うのが適当である。しかし、各学校がまったく制約なく自由に教育課程を編成できるというわけではない。たとえば、「地方自治法」の第180条の8および「地方教育行政の組織及び運営に関する法律」(2014年改正)の第21条の5には、教育委員会の職務権限として、教育課程に関する事務が挙げられているように、各学校は都道府県および市町村教育委員会の支援を受けて教育課程を編成することが求められる。また、教育基本法および学校教育法その他の法令や、学習指導要領の示す基準にも拠らなければならない。
　このように、一定の基準に従う理由として、中学校学習指導要領解説（総則編）には、以下のように記されている。

> 　中学校は義務教育であり、また、公の性質を有する（教育基本法第6条第1項）ものであるから、全国的に一定の教育水準を確保し、全国どこにおいても同水準の教育を受けることのできる機会を国民に保障することが要請される。このため、中学校教育の目的や目標を達成するために学校において編成、実施される教育課程について、国として一定の基準を設けて、ある限度において国全体としての統一性を保つことが必要となる。

　上記の文章では、中学校が義務教育であることが一定の基準を設ける理由の第一に挙げられている。一部文言は違うものの、同じく義務教育である小学校の学習指導要領解説（総則編）にも、共通した理由が記されている。
　それでは、義務教育でない高等学校が一定の基準に従うのはいかなる理由によるのだろうか。高等学校学習指導要領解説（総則編）には、「高等学校は義務教育ではないが、公の性質を有する（教育基本法第6条第1項）ものであるから、全国的に一定の教育水準を確保し、全国どこにおいても同水準の教育を受けることのできる機会を国民に保障することが要請される」と述べてお

り，高等学校での教育が公共性を有することが一定の基準を設ける理由として示されている。しかし，この基準は「ある限度において」統一性を保ち，「一定の水準を確保」するために設けられているのであって，すべての学校においてまったく同じ教育活動をするように縛りつけるものではない。むしろ，教育課程編成を考えるにあたっては，各学校が創意工夫を生かし，発展的な内容を加えた指導を充実したり，弾力的に授業時数を運用したり，総合的な学習の時間で地域の特質を生かした取り組みをおこなうなど，特色ある教育活動を進めることこそが肝要である。

(2) 教育基本法における教育の目的と教育の目標

教育基本法は1947（昭和22）年に制定され，戦後半世紀以上にわたって日本における教育の基本的理念を示してきた。この教育基本法（以後，旧教育基本法，または旧法と表記）には，戦前の軍国主義・国家主義的教育への反省をふまえた，日本国憲法の民主主義・自由主義精神に基づく教育理念が明示されている。特に日本国憲法の第26条第1項「すべて国民は，法律の定めるところにより，その能力に応じて，ひとしく教育を受ける権利を有する。」という条文を大前提として，国民に保障される教育の目的や理念を示した法律であるといえる。

2006（平成18）年に初めての全面改正がなされた教育基本法は，旧教育基本法の普遍的理念を大切にしながら，今日求められる教育の目的や理念を定めたとされている。本項では，この改正教育基本法（以後，教育基本法，または現行法と表記）における教育目的と教育目標を確認する。

教育基本法の前文には，次の文章が認められる。

> 個人の尊厳を重んじ，真理と正義を希求し，公共の精神を尊び，豊かな人間性と創造性を備えた人間の育成を期するとともに，伝統を継承し，新しい文化の創造を目指す教育を推進する。　　　　　　　　　　　　　　　（傍点は引用者による）

法律や規約等のまえがきに当たる前文では一般的に制定の理由，目的や原則などの趣意が述べられるが，教育基本法前文の中心をなす上記の一文でも，教

育によって育成が期待される理想の人間像，および理想とする教育像が描かれており，教育の目的が示されている。傍点部は旧教育基本法からの主な変更点であるが，旧教育基本法では「真理と平和を希求する」とされた箇所が「真理と正義を希求する」と変更されていたり，旧法にはなかった「公共の精神を尊び」や「伝統を継承」といった語が加えられている，などの変化がみられる。

このような言葉の追加や変更は一見小さな変化のようだが，教育目的という「究極のねらい」の変化であることに鑑みれば，些細な変化として看過すべきものではない。

そして教育基本法第1条には「教育の目的」が項目としてたてられ，教育の目指すねらいが記されている。

> 教育は，人格の完成を目指し，平和で民主的な国家及び社会の形成者として必要な資質を備えた心身ともに健康な国民の育成を期して行われなければならない。

旧法には「真理と正義を愛し，個人の価値をたつとび，勤労と責任を重んじ，自主的精神に充ちた」という文言が示されていたが，現行法では削除された。その理由は第2条に教育目標が新設され，そちらに上記の内容を移動してより詳細に記述したためである。

また教育基本法第5条第2項には，義務教育の目的が以下のように示されている。

> 義務教育として行われる普通教育は，各個人の有する能力を伸ばしつつ社会において自立的に生きる基礎を培い，また，国家及び社会の形成者として必要とされる基本的な資質を養うことを目的として行われるものとする。

さらに教育基本法第6条第2項では，あらたに学校教育の基本的役割が示されている。

> 前項の学校（註：学校教育法第1条に定める学校のこと）においては，教育の目標が達成されるよう，教育を受ける者の心身の発達に応じて，体系的な教育が組織的に行われなければならない。この場合において，教育を受ける者が，学校生活を営む上

> で必要な規律を重んずるとともに，自ら進んで学習に取り組む意欲を高めることを重視して行われなければならない。

　以上のように，学校教育課程を考えるうえでは前文，第1条で規定された教育の目的が根本にあり，第6条第2項の学校教育の基本的役割を教育方針として参照しつつ，くわえて義務教育段階の教育課程にかんしては第5条第2項の規定に対する配慮が求められる。

　旧法第2条での「教育の方針」に代わって現行法第2条では，先に記したとおり「教育の目標」が，5項目にわたって規定された。

> 　教育は，その目的を実現するため，学問の自由を尊重しつつ，次に掲げる目標を達成するよう行われるものとする。
> 　一　幅広い知識と教養を身に付け，真理を求める態度を養い，豊かな情操と道徳心を培うとともに，健やかな身体を養うこと。
> 　二　個人の価値を尊重して，その能力を伸ばし，創造性を培い，自主及び自律の精神を養うとともに，職業及び生活との関連を重視し，勤労を重んずる態度を養うこと。
> 　三　正義と責任，男女の平等，自他の敬愛と協力を重んずるとともに，公共の精神に基づき，主体的に社会の形成に参画し，その発展に寄与する態度を養うこと。
> 　四　生命を尊び，自然を大切にし，環境の保全に寄与する態度を養うこと。
> 　五　伝統と文化を尊重し，それらをはぐくんできた我が国と郷土を愛するとともに，他国を尊重し，国際社会の平和と発展に寄与する態度を養うこと。

　第2条の冒頭に「教育は，その目的を実現するため…次に掲げる目標を達成するよう行われる」と表記されているように，教育目的を実現するための，より具体的な目あてとして教育目標が位置づけられているとみられる。

　現行法に対しては，第2条で新しく設けられた教育目標に理念的・道義的規定が数多く提示されたことに対して，「法と道徳との峻別」という近代法原則に反すると指摘されるうえ，新たに加えられた「公共の精神」や「我が国を愛する態度を養う」などの理念の内容について問題視する声もある（姉崎2015：48）。

　また教育基本法改正にあたっての国会審議（参議院・教育基本法特別委員会審

議,平成18年11月29日)では,野党議員によって「こんなにたくさんの,人の内面にかかわる徳目を,教育目標として掲げること自身,基本的におかしいんではないか」と文部科学大臣に所見を求める質問が呈された。それに対し伊吹文明文部科学大臣(当時)は,「(教育基本法第2条に定めた)目標に向かって具体的にどういうステップを踏んで努力をしていくのかということを学習指導要領に掲げながら,それを,大切に教育を行っていくということであって,人の内面に立ち至るというようなことはどこにも書いてないと思いますよ」(田中2007:29)と答えている。

法令は一度制定されると途中の審議過程が忘れられたり,審議過程で確約されたことすらなかったもののようにされてしまい,条文が独り歩きする場合がある。だからこそ教育基本法に示された教育目標は人の内面を規定するのではない,という上述の審議過程における文相の発言が示すように,教育基本法に規定される目標が努力目標であり,訓示規定であると確約されていることを忘れてはいけない。

(3) 学校教育法における教育の目的と教育の目標

学校教育法は教育基本法と同じく1947年に制定された,戦後の学校教育制度の基本を定めた法律である。教育基本法が2006年に改正されたことを受けて,学校教育法も2007年に全面的に改正がなされている。主な改正事項としては,幼稚園,小・中学校等に副校長,主幹教諭,指導教諭の職を置くことが可能になった点,学校運営改善のための評価と保護者等への情報提供にかんする規定の整備がなされた点などが挙げられるが,とりわけ大きな変更点であり,かつ教育課程編成に関連しているのは,各学校種の目的および目標の見直しと,章立ておよび学校種の規定順など構成の見直しである。

同法では,教育基本法に示された教育の目的および教育の目標に準じて,各学校種別の教育の目的,また義務教育段階の教育目標など,学校教育の目標が示される。各学校で教育課程を編成するに際しては,これらの目的や目標の参照も求められる。

学校教育法第29条では,小学校教育の目的が次のように示されている。

> 小学校は，心身の発達に応じて，義務教育として行われる普通教育のうち基礎的なものを施すことを目的とする。

　同様に，学校教育法第45条では中学校の教育の目的，第50条では高等学校の教育の目的，第63条では中等教育学校の教育の目的が記されている。なお，中等教育学校とは，教育基本法の一部改正によって1998年に新設された学校種で，中高一貫教育の導入を目的として制度化された修業年限6年の学校である。
　以上の各学校種の教育目的ではいずれも，心身の発達に応じ，という文言がみられ，児童・生徒の発達に対応した学校教育が求められているとわかる。また，第22条の幼稚園の目的では「義務教育及びその後の教育の基礎を培う」，第45条の中学校の教育目的では「小学校の基礎の上に」，第50条の高等学校の教育目的では「中学校における教育の基礎の上に」などといった表現が含まれ，幼稚園にはじまり，小学校，中学校，高等学校段階へと至る，学校間の接続・連携が強く意識され，教育課程の継続性が重要視されていると理解される。旧法の章立てでは小学校に始まり，中学校・高等学校・中等教育学校・大学（中略）と続き，最後に幼稚園という順で規定されていたのに対して，現行法では幼稚園・小学校・中学校・高等学校…という順で幼稚園を最初に規定したところにも，幼稚園から始まる教育課程の継続性の重視は表れている。
　2007年の学校教育法改正で見直された教育の目標のうち，ここでは第21条に規定された，義務教育の目標を確認しておきたい。旧法では第18条に小学校の教育の目標が8項目，第36条に中学校の教育の目標が3項目にわたって定められていたが，現行法では義務教育として，小・中学校を合わせた目標が規定されたうえに10項目と増え，より詳細な規定となっている。
　この目標は教育基本法に規定された目的を実現するために定められているので，教育基本法に示された教育の目的・目標の改正点と共通する内容項目である，公共の精神（第1項），生命及び自然を尊重する態度（第2項），伝統と文化の尊重（第3項），我が国と郷土を愛する態度（第3項）などが追加された。また，規範意識，読書に親しませる，将来の進路を選択する能力を養うといった初出の項目内容は，中央教育審議会のとらえる現代の教育的課題が反映されて

いる。

さらに、以下に示す学校教育法第30条第2項では、小学校教育の目標として、義務教育の目標に加えて意識すべき教育目標が規定され、学習指導要領の学力観や学習指導観の指針とされた。

> 前項の場合（註：小学校教育はその目的を実現するため、必要な程度において第21条に規定された義務教育の目標を達成するように行うこと）においては、生涯にわたり学習する基礎が培われるよう、・基・礎・的・な・知・識・及・び・技・能・を・習・得・さ・せ・るとともに、これらを活用して課題を解決するために必要な・思・考・力・、・判・断・力・、・表・現・力・そ・の・他・の・能・力・を・は・ぐ・く・み、・主・体・的・に・学・習・に・取・り・組・む・態・度・を・養・うことに、特に意を用いなければならない。
> 　　　　　　　　　　　　　　　　　　　　　　（傍点は引用者による）

傍点部のように、学力観や学習指導観が学校教育法において規定された意味は大きい。なぜなら、ここに示された学校教育の基本方針は、学習指導要領や学校教育法施行規則と異なり、国会の議決によらなければ変更がされない根本的規定となったからである。

この「変化」について考えるにあたり、1996（平成8）年の中教審答申「21世紀を展望した我が国の教育の在り方について（第一次答申）」で示された、これからの教育の在り方に対する以下の見解と対照させて考察したい。

> 我々は、これからの社会の変化は、これまで我々が経験したことのない速さで、かつ大きなものとなるとの認識に立って、豊かな人間性など「時代を超えて変わらない価値のあるもの」（不易）を大切にしつつ、「時代の変化とともに変えていく必要があるもの」（流行）に的確かつ迅速に対応していくという理念の下に教育を進めていくことが重要であると考える。

教育を歴史的にみたとき、その時代的変遷は明らかであって、現代の教育的課題をもとに具体的な教育目標を考え、折々に変更するという柔軟さは大切である。しかも社会変化が「これまで我々が経験したことのない速さで、かつ大きなものとなる」のだとすれば、学力観や学習指導観、具体的・個別的な教育目標もまた折々に見直しが求められ、刷新が図られるべきであろう。

ところが、現行の学校教育法に規定された義務教育や小学校の教育目標（第

21条，第30条第2項）は先に記したように，根本規定であって，国会での審議を必要とするため容易に変えることはできず，また根本規定であるならば，簡単に変えるべきではない。教育の目標が目的よりも具体的であるにせよ，学校教育法は学校教育の大綱的な規定であるべきであって，扱われるべきは「不易」が主である。そう見たときに，現行法の教育目標や学力観，学習指導観の規定は「流行」ではないか，またその規定はどの立場に拠って立つものであるか，といった視点から仔細に検討した上で，教育課程編成の基準とする必要がある。

3　教育課程編成の原理

(1) タイラーの原理

　本章の第1節の冒頭で取り上げたタイラーは教育改革のさまざまな政策に貢献したことで知られるが，その業績の一つとして，1930年代にアメリカで開始された「八年研究」の研究長となり，教育評価の領域で大きな功績を残したことが挙げられる。八年研究は，進歩主義的な教育を実践する中等学校30校を選出し，各学校で独自に評価を任せ，その評価による生徒の成績に基づいて，大学に推薦入学をおこなうという計画であった。

　この八年研究での成果を生かして著された『カリキュラムと教授の基礎原理』で展開された，教育課程編成の基本原則は「タイラーの原理」として知られる。「タイラーの原理」は，その合理性と明解さによって，その後の多くのカリキュラム研究の原型的なモデルとなっている（佐藤 1996：55）といわれ，またカリキュラム構成や教育についての専門的で信頼できる研究手法の主要なモデルとして，今なお役立っている（アイズナー 2012：107）と評される。

　以上のように高く評価される「タイラーの原理」であるが，その原理は簡潔であって，各学校で教育課程を編成する際に必ず考えられるべき，根本的な四つの質問から成り立っている。

　　1　学校はどのような教育目的を達成しようと努めるべきか？
　　2　その目的を達成しようとするには，どのような教育的経験が与えられるべきか？

3 その教育的経験はどうすれば効果的に組織できるか？
4 この目的が達成されたのかは，どうすれば判断できるのか？

(Tyler 1949：1)

　これらの質問は，どれも穏当で常識的と考えられるかもしれないが，逆にいえば，それだけタイラーの原理が現在のカリキュラム論の基盤になっており，私たちのカリキュラム観を規定しているともいえる。また，その穏当さゆえに，以前にはそのように考えていなかった人であってもタイラーの原理が当然のことのように受け取られるため，元々自分で考えていた概念のように感じられてしまうかもしれない。だが，これらは学校教育で私たちが本当に「当たりまえ」に考えて，回答し実践している質問なのだろうか。

　1の教育目的についていえば，実際のところ，たとえば学校教育に携わる教師を考えてみるとして，すべての教師が教育の目的をはっきりと認識し，目的を志向した達成可能な教育目標をたてて教育活動に従事しているといえるだろうか。タイラーは，優れた授業がどのようなものか，どのような教材が重要かなどを直観的につかんでいる教師であっても，目的や目標については明確でない場合があると指摘する。そして，行動（教育活動）の目的を明確にすべきであるとは主張するが，行動の目的を重視する多くの研究者と異なり，どのような目的をとるべきかを断定したり，目的・目標の項目を詳細に分類したりはしていない。その理由のひとつは，タイラーが示唆するのは教育課程編成の検討方法であり，あくまで基本的原理（rationale）であって，「原理」に挙げられた問いに対する答えは，教育段階の違いや学校の違いによってそれぞれ異なってくるからである。もうひとつの理由としては，目的・目標の項目を詳細に分類しすぎると，教師の立場からすれば目標を一つずつこなすことに苦慮せざるを得なくなり，2の学習経験の選択が困難になってしまうことが挙げられる。

　そして4に挙げられた目的達成の判断については，タイラーはそれまでの教育評価の研究を踏まえて，評価もまたカリキュラム開発の重要な活動である，という（Tyler 1949：104）。タイラーによれば，教育評価の目的は，それぞれの教育計画の目標をどれだけ実現したのかを知ることであるといい，教育目標

をどれほど達成したのかを評価するには2回以上の評価が行われなければならない。なぜなら，以前と以後とで教育によって変化したことを確かめるには，少なくとも2回の比較がなされなければならないからである。そして，学習者の評価を行うことで，教育課程自体の評価が可能となり，教育課程の改善が可能になる。それゆえ，教育課程編成は，目的からカリキュラム全体の評価に至るまでが，一貫したプロセスであるとタイラーは主張する。

一方でタイラーに対しては，教育目標は教育活動のなかで浮かび上がってくるものである，という批判もある（クリバード 1997：46）。たしかに，タイラーの原理にあってはこの面が強く表れてはいない。だが，お仕着せの教育目的・目標に従うだけでなく，主体的に教育目的を考察して常に教育課程の改善を考えている学校や教師にあっては，あらたな教育目標を教育活動のなかで見つけ出し，採り入れることは容易だと考えられる。そのような柔軟さを備え，教育課程編成論の改良を図るための基盤を提供し得るところにも，タイラーの理論には基礎原理としてのゆたかな価値が認められる。

（2）規定された教育の目的・目標と如何にかかわるべきか

前項でタイラーが提唱する教育課程編成の原理を確認したが，ここではそれを踏まえた上で，再び日本の教育課程に目を向け，教育の目的・目標について考えてみたい。

2007年に改正される前の学校教育法では，教育目標として，教科で養うべき技能や能力，あるいは精神が示されていたのに対し，現行法では「態度を養うこと」と謳われている。これは国による行動規範の規定につながりかねず，教育内容への介入とも考えられる。そして，この表現は2006年に改正された教育基本法の第2条を受けたものであるが，同法第2条第5項「伝統と文化を尊重し，それらをはぐくんできた我が国と郷土を愛するとともに，他国を尊重し，国際社会の平和と発展に寄与する態度を養うこと」に対し，歴史学者のテッサ・モーリス-スズキ（Morris-Suzuki, T.）が示した次の懸念は，傾聴に値する。

国に対する愛情とは，国のよい部分を賞賛するだけでなく，悪いところ

を認めて，それを改めようとする行為を含むという，非常に重要な事実に，学校で教えられる愛国心は同意するだろうか？　日本の学校で教えられる愛国心がこれを認めないなら，子どもたちに，自分たちの国をよりよい場所にするよう促すのではなく，「愛国教育」の一環として提示される「私たちの国」のイメージから，他国に優っているという自己満足を育むだけだ。そして，この感情が「他国を尊重し，国際社会の平和と発展に寄与する」という目的と共存するとは思えない。　　（モーリス-スズキ 2007：68）

　教育基本法，学校教育法に規定された教育の目的や目標は，各学校でつくられる教育課程の基準ではあるが，どのように教育課程編成に生かすかには，各学校，各教師の創意工夫が必要である。とりわけわが国においては，初等・中等教育は政府主導の「学習指導要領」に準拠したカリキュラムへの依存度が高く，学校独自のカリキュラムの開発が遅れている，とも指摘される（鈴木1991：237）。近年では総合的な学習の時間の導入により，各学校で独自のカリキュラム開発が必要となり，進められる傾向があるが，一方で学校間に差があるだけでなく，教員個人においてもカリキュラムへの理解に差があり，教員によっては「学習指導要領に準拠したカリキュラム依存」になっている状態も少なくないと考えられる。

　もしも教育目的・目標を硬直的に理解し，目的や目標に鋳型のように当てはめて児童・生徒を教化したり評価しようとするなら，モーリス-スズキが憂慮するように，「我が国と郷土を愛する」態度を育もうとすることによって，かえって他国を見下す感情すら育みかねない。これでは，日本国憲法前文で謳われた平和主義「われらは，平和を維持し，専制と隷従，圧迫と偏狭を地上から永遠に除去しようと努めてゐる国際社会において，名誉ある地位を占めたいと思ふ」に通じるという意味でより大切な，「他国を尊重し，国際社会の平和と発展に寄与する」という教育の目的は等閑視されてしまう。

　今一度，第1節で引用した教育学者・三井浩の言葉を思い返したい。「教育目的に無関心なため，浅薄な通俗目的やよこしまな政治目的に無意識的に利用されたり，あるいはそれらに意識的に迎合するような教育技術・教育科学」に

陥らないために，私たちは教育課程編成を考えるにあたって規定された教育の目的と如何にかかわるべきであろうか。

　本章の議論からは，「基準」として提示された教育の目的・目標であっても，無批判に鵜呑みにするのではなく，訓示規定，努力目標として参照をしながら，各学校に応じた目標を柔軟に考え，そのうえでさらに学習活動のなかで生じた目標を認めて，教員はそれを採り入れながら，新たな教育課程編成に生かす，という帰結が考えられる。しかし，この帰結もまた鵜呑みにされるべきではない。正否の判断は各人に委ねたい。

（3）「教育の目的」は誰のためのものか

　これまで教育者を主体に，教育課程編成との関係で教育目的・目標を考察してきたが，教育の主体は言うまでもなく学習者である。学習者自身が学びの目標や目的を据えられるように促したり，たとえ教育目標として立てた目あてと異なる目的や目標を学習者が据えたとしても，即断的に否定することなく，その学びの道行きに注意の目を注いで見守り，目的への道程を模索し，ともに作りだすという視点も必要である。

　目下（2015年5月現在），「多様な教育機会確保法案」の策定が検案され，義務教育の場を学校のみに限定せず，家庭やフリースクールで義務教育を可能とする案が検討されている。法案自体の是非はさておき，このことは，規定された義務教育の目的・目標を学校外で学ぶ児童・生徒へ浸潤させる意義が求められているという意味をもつだけではない。むしろ，既存の学校に対して，規定された教育目的・目標を墨守(ぼくしゅ)するのでなく，学び手に応じた多様な目的・目標の可能性を根幹から問い直す時機に来ているのでは，という問いが投げかけられていると考えられるのではないだろうか。

参考文献

E. W. アイズナー（2012）「ラルフ・ウィニフレッド・タイラー」ジョイ・A・パーマー編，広岡義之・塩見剛一訳『教育思想の50人』青土社．
姉崎洋一ほか編（2015）『解説　教育六法』三省堂．
加藤幸次編（2013）『教育課程編成論（第二版）』玉川大学出版部．

ハーバート・M・クリバード, 加藤幸次訳（1997）「いわゆる"タイラー理論"なるものを再考する」高浦勝義編『総合学習の理論』黎明書房.
窪田眞二ほか（2015）『教育法規便覧』学陽書房.
佐藤学（1996）『カリキュラムの批評――公共性の再構築へ』世織書房.
柴田義松編著（2001）『教育課程論』学文社.
新村出編（1990）『広辞苑　第三版』岩波書店.
鈴木敦省（1991）「ラルフ・タイラーの原理（The Tyler Rationale）批判」『学習院大学文学部研究年報』38輯.
ラルフ・W・タイラー, 金子孫市訳（1978）『現代カリキュラム研究の基礎』日本教育経営協会.
田中耕治編（2012）『よくわかる教育課程』ミネルヴァ書房.
田中壮一郎監修（2007）『逐条解説　改正教育基本法』第一法規.
広岡義之編著（2010）『新しい教育課程論』ミネルヴァ書房.
松村明監修（1995）『大辞泉（第一版）』小学館.
三井浩（1976）『愛の場所―教育哲学序説』玉川大学出版部.
テッサ・モーリス-スズキ, 伊藤茂訳（2007）『愛国心を考える』岩波書店.
文部科学省（2008）『小学校学習指導要領解説　総則編』東洋館出版社.
文部科学省（2008）『中学校学習指導要領解説　総則編』ぎょうせい.
山田忠雄（2012）『新明解国語辞典（第七版）』三省堂.
Ralph W. Tyler (1949) *Basic Principles of Curriculum and Instruction*, The University of Chicago Press.
文部科学省 HP　http://www.mext.go.jp（情報取得日：2015年5月20日）

（塩見剛一）

第3章
現代日本の教育課程（学習指導要領）の変遷

　本章では，学習指導要領の歴史的変遷を，その改訂年度ごとに詳細に論じてゆき，それぞれの時期の学習指導要領の特徴と同時に，その時代の社会的背景も含めつつまとめることとした。なぜなら，教育的な営みだけがその時代状況とは離れて個別に展開されることは不可能であり，いかに時の政治や社会，経済的文化的脈絡と連動しているかがこの作業を通じて一目瞭然となるからである。つまり，特定の時代の要請と必然性のもとに，その時代の学習指導要領が作成されていることを浮き彫りにしてみたい。

1 太平洋戦争前後の学習指導要領の内容の激変

太平洋戦争終了後,アメリカ合衆国の「コース・オブ・スタディ」(course of study) を範として作られた学習指導要領は,戦前の「教授要目」に代わるものとして,1947 (昭和22) 年に初めて発行されることになった。戦前の軍国主義から戦後の民主主義への転換を図るためにアメリカ合衆国から教育使節団が来日し,新しい時代の教育課程は,社会の要求と児童・生徒の生活から構築されるべきであることが指摘された。表紙には「試案」と明記され,教師の工夫の手引であり,研究のための参考書として受け入れられた。これは戦後の教育改革の重要な事例の一つで,戦前の上意下達の方式を撤廃し,むしろ教育現場で子どもの指導に直接関わる教師たちの「手引書」として作成されたのである。戦後からすでに70年が経過するなかで,ほぼ10年ごとに学習指導要領が改訂されている事実は,それ自身がその時代ごとに要請される教育目標と内容に最もふさわしいものを提示し,その時代の日本の教育の最善の方向性が示されてきたことを意味する。

1945 (昭和20) 年7月26日にポツダム宣言 (米・英・中) が日本に降伏を勧告し,戦後の対日処理の方針が表明された。軍国主義の除去,戦争犯罪人の処罰,連合国による占領等が規定された。日本政府は当初それを拒否したが,8月6日に広島市に,9日に長崎市に原子爆弾が投下され,さらにソ連の参戦を経て8月14日にポツダム宣言を受諾し,翌日終戦を迎えた。1946 (昭和21) 年11月に日本国憲法が発布され,ついで1947 (昭和22) 年3月に教育基本法が制定。それから60年後の2006 (平成18) 年に現行の教育基本法が公布・施行された。その後,学習指導要領は時代の変化に対応して,数次の全面改訂が行われてきたが,このうち1958 (昭和33) 年の改訂で,それまでの手引書的な性格から「告示」として法的拘束力を備えるに至った点が重要である。そして2008 (平成20) 年に,現行の学習指導要領が7回目の改訂となり,さらに今回2015 (平成27) 年には道徳教育の教科化が決定された。以下では年代ごとの学習指導要領の特徴をまとめることにする。

2　戦後初期の小・中・高等学校学習指導要領の変遷

(1) 1947（昭和22）年　一般編（試案）の公表と実施

　文部省は，学校教育法施行規則第25条に従い，1947（昭和22）年に，戦後初めて，『学習指導要領　一般編（試案）』という形で，文部省の著作物として刊行した。戦前との相違点は，修身，日本歴史，地理が廃止され，新たに社会科，家庭科，自由研究が設定されたことである。新設された「社会科」は注目されるものであり「社会生活についての良識と性格を養うこと」を目的とした。敗戦後，進駐軍の司令官マッカーサーは，日本の教育を民主的なものに改善しようと，アメリカ合衆国から教育使節団を招聘した。団員の多くは進歩主義教育の立場をとっており，戦後の日本教育界はその影響下で再出発した。（図3-1「ア」参照）占領下で作られた1947年版学習指導要領は，当時アメリカ合衆国で最も進歩的とされていた経験カリキュラムに基づくものであった。子どもに学ばせるべき教育内容を，学問・教科の基礎から順番に教えるというものでなく，子どもの発達につれて発展する興味や関心の対象を教育内容の軸に据えるものであった。

　戦前の「教育勅語」時代の教育から民主主義教育へと，また伝統的な教科中心主義教育からデューイの教育理論に基づいた経験主義の教育へと180度の転換をみせたのである。教科内容は理論的に教授するよりも「経験させること」が重要であるという考え方で，たとえば社会科では「お店屋さんごっこ」等の授業が展開された。当時欧米でおこなわれていた「経験主義」の立場に基づいた教育実践が一気に導入されたが，1950年頃から経験主義の新教育によって子どもたちの学力が低下したという批判も出てきた。「6・3制，野球ばかりがうまくなり」「這い回る経験主義」という皮肉が出るほどであった。

　旧制中学校の教科課程が全国画一的かつ固定的であったのに対して，新制高等学校の教科課程の特徴は，生徒の能力や適性に応じて個性を伸長する観点から，生徒が自主的に教科・科目を選択履修することを目指した。また社会科の新設，生徒の個別的な学習の要求に応じるための「自由研究」の時間が設置された。

見る・聞く・話すを中心とした経験主義			読み・書き・計算を中心とした系統主義
2008 (H20)	学習指導要領 第7次改訂 系統的学習への転換 「エ」		PISA調査での学力低下 「確かな学力」の確立 知識基盤社会への対応による「知識の活用能力」
2002 (H14)	学習指導要領 第6次改訂　少人数授業 選択教科の授業　　　学校評議員制度 ゆとり・生きる力・情報化 総合的な学習　　　　　　学級崩壊 　　　　　　　　　　　　学力低下 　　　分数ができない大学生		ゆとり教育 学習内容3割減少 学校週5日制 総合的な学習の時間 絶対評価 バブル崩壊
1989 (H元)	学習指導要領 第5次改訂 基礎・基本の重視と個性教育の推進 文化と伝統の尊重，国際理解推進 新しい学力観に立つ教育と個性重視 生活科の新設（小1・2 理科社会廃止）		生活科新設 新しい学力観 個性重視 いじめ 不登校
1977 (S52)	学習指導要領 第4次改訂 　　　能力主義からゆとり教育路線への変更 　　　　　　　　　基礎的・基本的事項の重視	「ウ」	ゆとりと充実 知・徳・体 落ちこぼれ 非行問題 能力主義の終焉
1968 (S43)	学習指導要領 第3次改訂 　　　系統主義にさらに拍車がかかる 　　　　新幹線授業 　　　　産業界に必要な人材の養成		教科・道徳・特別活動 高度経済成長
1958 (S33)	「イ」 学習指導要領 第2次改訂　能力主義の開始 　学習指導要領の法的拘束力 　道徳の時間を特設 　経験主義から系統的学習へ転換		系統性重視 法的拘束力
1951 (S26)	学習指導要領 第1次改訂 　四つの経験領域 　　基礎教科(国・算)　　社会自然教科(社・理) 　　創造的活動(音・図・家)　健康保持教科(体育)		
1947 (S22)	戦後初めての学習指導要領　一般編　試案 進歩主義教育，経験カリキュラム，男女共学		経験主義 進歩主義教育
1945 (S20)	戦後　戦後の混乱から民主教育へ 　　　修身の廃止，社会科，家庭科，自由研究新設 　　　教育勅語から民主主義へ	「ア」	戦中の教科中心主義 全国画一的固定的教育

図3-1　教育課程の変遷と教育内容の変化

出所：原（2005：5）を参照し，筆者が加筆した。

（2）小・中学校学習指導要領第1次改訂　1951（昭和26）年〜

　1947（昭和22）年の学習指導要領は，戦後の混乱のなかで実施され，いくつかの欠陥が指摘されそれ以降，改訂作業が漸次行われていった。1950（昭和25）年，文部大臣に就任した天野貞祐（カント研究者で京都大学教授）は，各学校および各家庭に，祝日には国旗掲揚，国歌斉唱を促す談話を発表した。1951（昭和26）年には，サンフランシスコ講和条約・日米安全保障条約が締結され，日本は急速に再軍備を進めていく。

　1951（昭和26）年版の学習指導要領の第1次改訂では，従来文部省が「教科課程」と称していたものをすべて「教育課程」という表現に変更した。小学校では，教科を4領域に大きく経験領域に分類するいわゆる「広領域カリキュラム」の考え方が採用された。①基礎教科（国語・算数），②問題解決の経験を発達させる教科（社会科・理科），③創造的活動を発達させる教科（音楽・図工・家庭科），④健康の保持増進教科（体育）の4つである。

　また小・中学校で，毛筆学習・習字が国語の一部として採用され，さらに中学校の職業科が，職業・家庭科に改称された。「自由研究」の時間が廃止され，「教科外の活動」（中学校では特別教育活動）に改正された。学習指導要領はこの時点では，まだ「試案」のままであった。高等学校では，特別活動には単位が与えられていなかったが，教科の学習では到達できない重要な目標があるため，高等学校が新しい教育に熱意をもって有効に実施するべきであると特別活動の重要性が示された。

（3）高等学校学習指導要領改訂1956（昭和31）年〜

　高等学校の学習指導要領は1955（昭和30）年に改訂され，1956（昭和31）年度の第1学年から学年進行で実施された。普通課程においても生徒の選択が適正に行われ，知的教養の偏りを防止するために，必修教科・科目が増加され，コース（類型）制が採用された。さらに特別教育活動の指導時間数（週1〜3時間）が規定された。この改訂にあたり以下の点が特に配慮された。

　① 高等学校の教育はこの段階における完成教育であるという立場を基本
　　とする。

②　高等学校の教育課程は，各課程の特色を生かした教育を実現することを眼目として編成すること。

　③　課程のコース（類型）を設定し，これにより生徒の個性や進路に応じて，上学年に進むにつれて分化した学習を行い得るようにすること。

3　高度経済成長期の学習指導要領

　1956（昭和31）年の『経済白書』の有名な言葉「もはや『戦後』ではない。（中略）今後の成長は近代化によって支えられる。」からもわかるように，近代化に必要とされたのが，基礎学力の育成であった。この政策転換により，教育は再び「経験主義」から「系統主義」へと移行することになる。1958（昭和33）年（高等学校は1960〔昭和35〕年）の学習指導要領は，経験主義から教科主義にカリキュラム編成原理を180度転換した。これを換言すれば，すべての児童・生徒に各教科の基礎・基本をしっかりと教授することが第一義の目的となったということである（図3-1「イ」参照）。この時期はいわゆる「55年体制」（1955年に，自由民主党の結成と左右日本社会党の統一により出現した保守革新の二大政党制）の始まりで，日本国内の政治的意見がおおきく２つに分かれて，学校教育にもその対立は反映した。文部省は「告示」を理由に，学習指導要領は法的拘束力をもつと説明し，学習指導要領に従って教えない場合には法令違反となるという厳しい見解をとるようになった。

（１）学習指導要領第２次改訂　1958～1960（昭和33～35）年

　1947（昭和22）年および1951（昭和26）年の改訂は，占領下という特殊な状況で行われたが，1952（昭和27）年の独立を契機として，日本の教育の在り方は全面的な再検討に迫られた。1947（昭和22）年版学習指導要領に対する反動として，地理や歴史を体系的に教授すること，社会科のなかで道徳教育を充実させることが焦眉の課題となった。換言すれば，これまでの経験カリキュラムと生活単元学習への批判を受けて，系統主義すなわち，「教科カリキュラム」への転換が図られたのである。「内容の系統化を図る」とか「学習にいっそうの

系統性を」ということが強調され，子どもの興味・生活・経験を主要な原理としてきた児童中心あるいは経験主義の教育課程は終焉を迎えた。また小・中・高等学校等の学習指導要領から「試案」の文字がなくなり法的拘束力をもつようになったのが，1958（昭和33）年（高等学校は1960〔昭和35〕年）の第二次改訂からである。さらには「道徳の時間」を特設したことも大きな特徴である。特設の理由としては，道徳教育は各教科や特別教育活動等のすべての学校教育活動で実施されることを基本としつつも，各教科や特別教育活動等で行われている道徳教育を補充，深化，統合するためである。

1958（昭和33）年に，小・中学校で「道徳」の時間が特設され，高等学校には倫理社会が必修科目として新設され，その結果，小・中学校の教育課程は各教科，道徳，特別教育活動，学校行事等の4領域（高校は道徳を除く3領域）で編成されることになった。

（2）学習指導要領第3次改訂　1968（昭和43）～1970（昭和45）年

1958（昭和33）年の改訂後，日本の経済は高度成長を遂げ，科学技術も格段の進歩をみせた。その結果，国民生活は向上し，社会情勢の進展はめざましく，国際的な地位も向上した。そこで教育内容をより充実させ，時代の要請に応えるような改善を行う必要があった。従来，年間授業時数を「最低時数」としていたものを「標準時数」に改め，地域や学校の実態に応じた弾力的な運用が図られた。

1968（昭和43）年版の第3次改訂は，ブルーナー（Bruner, J. S.）によるアメリカ合衆国の「教育の現代化」の影響を強く受けて，内容が高度化した。とくに理数系の教科で，いわゆる教育内容の現代化が図られた。というのは日本の高度経済成長に合わせるために，子どもの個性・特性・能力等に応じた指導や教育内容の系統性が重視されたからである。「現代化カリキュラム」は，ブルーナー理論に基づき作成されたものであるが，彼は人類の知識の増大に応じて教育内容を増加させるやり方は限界があるために，教育内容を精選して学問の基本概念に焦点を絞るべきだと主張した。ブルーナーが「構造」と呼んだ学問の基本概念は単純であるから，発達のどの児童・生徒にも効果的に教えるこ

とができると考えられた。このブルーナーの理論に従って、従来よりも早い学年で高度の教育内容が教えられるようになったが、結果的に教育内容の精選は進まず、むしろ教える内容は増加し、まじめに授業を受けていても授業についていけなくなる児童・生徒が激増した。

ソ連が1957（昭和32）年に人工衛星スプートニク1号をアメリカ合衆国に先駆けて打ち上げたことによって、アメリカの各界に「スプートニク・ショック」と呼ばれる衝撃が走った。その危機意識を背景にただちにアメリカ政府は、科学教育振興を目的とした国防教育法を制定し、ソ連に対抗するために学校教育を充実して科学技術を発展させようとした。この理論的背景となったのがブルーナーの「発見学習理論」で、どの教科も知的性格を保持したまま、どの発達段階の子どもでも効果的に教授できるという仮説をたてたのである。これに伴い「教育内容の現代化運動」と呼ばれる、小中学校から高度な教育を行なおうとする運動が世界の多くの国で進められた。このアメリカでの教育運動が日本にも波及し、1968（昭和43）年に告示の学習指導要領で高度なカリキュラムが組まれることになる。日本の授業の問題点としては、授業を速く進行せざるをえず、「新幹線授業」などとも批判された。

1968～70（昭和43～45）年の学習指導要領改訂は、能力主義的再編と結合しており、前回の学習指導要領第2次改訂における「系統主義」にさらに拍車がかかることとなる。1968年の学習指導要領の第3次改訂では、欧米のカリキュラム開発で評価されていた数学や理科の新しい動向が積極的に取り入れられた。高度な知的教育が実施され、その結果、学習内容についていけない「落ちこぼれ」を生み出すことになった。高校への進学率もあがり、1973（昭和48）年には90％を超えるようになった。多様な能力や適性、進路に対応した教育と、小・中・高等学校教育の一貫性を担保するために、次のような学習指導要領の改訂が行われた。

　① 道徳教育や体育をさらに重視し、知・徳・体の調和のとれた、人間性豊かな児童・生徒を育成する。
　② 小・中・高等学校の教育を一貫的に把握して、その内容を精選・選択して、ゆとりある充実した学校生活が過ごせるようにする。

③ 国民として必要とされる基礎・基本を重視する。

　以上の改訂を実施するために，各教科内容の領域区分は整理統合され，簡素化が図られた。指導方法等に関する事項が大幅に削除され，必要最低限の事項のみが掲げられ，学校や教師の創意工夫の余地が拡大された。教育課程は各教科，道徳，特別活動の3領域で編成されることとなった。

4 「ゆとり」教育へ転換した学習指導要領

(1) 学習指導要領第4次改訂　1977（昭和52）年

　1968年の学習指導要領の改訂後，日本の学校教育は急速な発展を遂げるが，1970年代に入ると，高度経済成長の影響もあって，高等学校への進学率が90％を超えるようになる。しかしながら1970（昭和45）年代半ば頃になると，非行，落ちこぼれ，校内暴力，陰湿ないじめ，不登校（当時は「登校拒否」と呼ばれた），家庭内暴力等の教育荒廃現象が目立ち始めることになる。その背景には「教育の現代化」による難しくて内容が多すぎるカリキュラムのために中途半端な授業になる等の批判があった。その結果「新幹線教育」「おちこぼれ教育」「落ちこぼし教育」という言葉がマスコミをにぎわすことになった。このために知識詰め込みの「系統主義」は，「経験主義」へと大きく教育方針を転換することになった（図3-1「ウ」参照）。

　文部省は，1977（昭和52）年の学習指導要領（高等学校はその翌年）で，従来の能力主義の方針を180度転換して，「ゆとりと充実」をキャッチフレーズに，教科の授業時数と教育内容を削減した。その方針を受けて，小中学校の学習指導要領は1977年に告示され，小学校は1980（昭和55）年度から，中学校は1981（昭和56）年度から実施。高等学校の学習指導要領は1978（昭和53）年に告示，1982年（昭和57）年度の第1学年から学年進行で実施された。

　小学校では1968（昭和43）年学習指導要領の学習内容がきわめて多かったので，国語・社会・理科等で削減されたものの，体育や特別活動では同じ授業時数が維持された。また各教科においても高度で難解な内容は削除あるいは次の

学年に先送りされ，授業時数と教育内容はともに減少していわゆる「ゆとり路線」が実行された。中学校においては，選択科目の選択肢が拡大されたものの，授業時数と教育内容はともに減少した。特に教育内容では，数学と理科における高度な内容は削除もしくは高等学校へと移行された。

　高等学校では，1978（昭和53）年の改訂で卒業に必要な単位数を「85単位」から「80単位」に削減。科目が新設され，勤労体験学習が重視された。また教科・科目の指導にあたっては，生徒の学習内容の習熟の程度に応じていわゆる習熟度別クラス等の弾力的な学級の編成が工夫された。また教育課程の領域は，各教科に属する科目と特別活動となり，全日制の課程における各学年の週あたりの授業時数は32単位時間を標準とすることとなった。

（2）学習指導要領第5次改訂　1989（平成元）年

　1977（昭和52）年の学習指導要領改訂後，科学技術の進歩と経済の発展は，物質的な豊かさを生じさせるとともに，情報化，国際化，価値観の多様化，核家族化，高齢化など，学校を取り巻く社会の各方面に大きな変化をもたらすに至った。こうした変化に対応するために，個性重視の教育，生涯学習社会の構想，偏差値序列によらない多元的な評価等の教育改革も打ち出された。さらにそれらに伴う生徒の生活や意識の変容に対応し，学校教育の改善を図ることが課題となった。中学校ではコンピュータ・リテラシー育成のために技術・家庭科に情報基礎が新設された。さらに高等学校では多様な科目の拡充，科目の専門性と系統性を考慮して時代的養成に応えるために，社会科は地理歴史科と公民科に分割再編された。さらに家庭科は男女必修となり，国旗・国歌の指導が明確化された。またクラブ活動の代替としての部活動の取り扱い，各学年の課程修了の認定は，学年制だけでなく，単位制の主旨を踏まえて弾力的に運用する等，注目される点が多い。

　文部省は1987（昭和62）年に，教育課程審議会の答申を受けて学習指導要領の第5改訂を進めた。改訂にあたっては答申に示された以下の4つの基本方針を示した。

　① 豊かな心をもち，たくましく生きる人間の育成を図ること。

② 自ら学ぶ意欲と社会の変化に主体的に対応できる能力の育成を重視すること。
③ 国民として必要とされる基礎的・基本的な内容を重視し，個性を生かす教育の充実を図ること。
④ 国際理解を深め，わが国の文化と伝統を尊重する態度の育成を重視すること。

　学習指導要領改訂の結果，小学校低学年の社会と理科を統合して「生活科」が新設され，各教科で「合科的な指導」を行うことが求められた。また中学校では，「個に応じ習熟の程度に応じた指導」が導入された。さらに小・中学校ともに，日本の伝統や文化を尊重し，日本人としてのアイデンティティを強めるために，学校行事での国旗・国歌の取り扱いは従前の「～することが望ましい」から，「～するものとする」に変更された。また社会情勢の変化に対応するために，学校週5日制が導入された。
　こうした「ゆとり教育」のもとで，中学校では授業時数を学年ごとに幅をもたせ，生徒の選択履修が拡大し，高等学校では1990年代に制度自体の改革がおこなわれた。具体的には単位制高校，総合学科など，生徒の選択を重視する新しいタイプの学校が次々と誕生した。さらに大学入試科目が減少したために，普通科高校でも選択科目が増加し，学校ごとに，コースごとに，生徒ごとに，学ぶ内容が大きく異なるようになってきた。高等学校で物理や生物を学ぶことのないまま大学の理科系学部に進学する事例が増加し，大学生の「学力低下」が社会問題ともなった。さらに学校週5日制が段階的に導入され始め，1992年9月から毎月第2土曜日が休みとなり，1995年4月からは月2回の休みとなった。
　世界情勢の大変化は1991（平成3）年のソ連邦の崩壊によって決定的なものとなった。こうした，米ソ冷戦の終結は世界的に誰も予想しえなかった出来事であり，ここから経済的に世界市場が一挙に拡大し，日本企業の多国籍化・グローバル化・ボーダーレス化が進行した。国内においても同時期には，日本のいわゆる「失われた10年」などと表現されているバブル経済崩壊による大不況

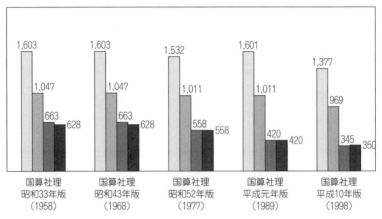

図3-2 小学校6年間の授業時数

注：1989（平成元）年より小学校1・2年の社会科・理科がなくなり，生活科が誕生した。
出所：佐藤（2004：137）。

が引き金となり，日本発アジア大恐慌・世界恐慌の発生という最悪の危機が生じた。そのため日本国政府は，政治改革，行政改革，財政構造改革，金融構造改革等に早急に取り組む必要が生じた。

（3）「生きる力」と「総合的な学習の時間」の学習指導要領第6次改訂 1998〜1999（平成10〜11）年

1990年代に入ると，東西ドイツの統一が果たされ，従来の社会主義国と資本主義国との政治・経済的対立の構図が崩壊し，経済はいわゆる「グローバル化」するようになる。その結果，情報化や技術革新が飛躍的に進むこととなる。このような社会状況を受けて，1996年の中央教育審議会答申（「21世紀を展望した我が国の教育の在り方について」）で，ゆとりのなかで「生きる力」の育成を重視することが提言された。

児童・生徒に「生きる力」を育むことを目的とした戦後6度目の改訂である学習指導要領が1998（平成10）年に告示され，小・中学校は2002（平成14）年度から実施，高等学校は2003（平成15）年度の第1学年から学年進行で実施され

た。「生きる力」とは，いかに社会が変化しようと，自分で課題を見つけ，自ら学び，自ら考え，主体的に判断し，行動し，よりよく問題を解決する資質や能力である。さらに自らを律しつつ，他人とともに協調し，他人を思いやる心や感動する心など，豊かな人間性であると考えられる。

1998年版学習指導要領では，2002（平成14）年度からの完全学校週5日制への対応や総合的な学習の時間を実施するために，教科の授業時数と内容が大幅に削減された。

新設された高校の必修教科「情報」は，情報手段の活用を図りながら，情報を適切に判断・分析するための知識・技能を習得させ，情報社会に主体的に対応する態度を育てるための教科と位置づけられた。

また「総合的な学習の時間」の新設は，1998（平成10）年の改訂の最重要項目であった。これによって小・中学校の教育課程は各教科，道徳，特別活動，総合的な学習の時間の4領域に，そして高等学校については各教科・科目，特別活動，総合的な学習の時間の3領域で編成されることになった。この新学習指導要領において，算数や数学，理科等の教育内容が大幅に削減されることがわかると，数学者や科学者らが「学力低下」を懸念し，新学習指導要領への反対の声が多く出始めた。それ以前は，日本の子どもの学習内容が過重であり，受験勉強の過度の負担を批判していたマスコミも，日本の子どもの勉強不足を問題にするようになってきた。そのため次の学習指導要領の改訂では，山積する教育問題に十分に応えられる教育課程の制定が期待されることとなった。

5 40年ぶりに総授業数が増加し，系統主義に回帰した学習指導要領
──2008（平成20〜）（小・中学校）・2009（平成21〜）（高校）年版──

2000年代になると「ゆとり教育」の是非をめぐって激しい議論が展開されてくる。この背景にはOECD（経済協力開発機構）が2000年から世界各国で実施している生徒の学習到達度調査（PISA調査）が深く関連している。同調査によれば，日本の順位が2003年，2006年とも連続で落ち込み，このような状況のなかで2008年2月に文部科学省は，小中学校で学習指導要領の第7次改訂案

を発表した。総授業数の増加と、系統主義回帰が主たる特徴である（図3-1「エ」参照）。「生きる力」の育成は継続するものの、知識の習得、活用する力、学習意欲を身につけさせるために、1968～69年改訂以来、40年ぶりに総授業数と教育内容が増加した。限られた授業時数のなかで、増加した指導事項を習得させ、活用や言語活動の機会をいかに確保するかが課題となるであろう。以下その特徴をまとめていく。さらに、2015（平成27）年3月には「道徳の時間」を「特別の教科　道徳」として新たに位置づける学習指導要領の一部改正が行われた。

（1）改正教育基本法，学校教育法等の改正を踏まえた学習指導要領改訂

　新しい教育基本法や学校教育法等の改正等で、公共の精神、生命や自然を尊重する態度、伝統や文化を尊重し、我が国と郷土を愛するとともに、国際社会の平和と発展に寄与する態度を養成することが求められている。またあらゆる学習の基盤となる「言語力」の育成を核として、各教科で論述が重視されるようになった。国語、算数・数学、社会、理科、外国語、体育・保健体育で授業が増加したが、他方で「総合的な学習の時間」は減少し、中学校の選択教科も原則として取りやめることになった。小学校の算数で「3.14の円周率を3とする規程」がはずされ、中学校ではイオンや元素周期表が導入された。

（2）基礎的・基本的な知識・技能の確実な習得の大切さ

　第2に、基礎的・基本的な知識・技能の確実な習得の大切さが説かれ、さらに活用のための思考力・判断力・表現力および主体的な学習態度等が重視されている。各教科のなかで知識・技能が「習得」され、さまざまな場面で「活用」される。そして習得され活用される知識・技能を使用して、総合的な学習の時間を中心とした「探究」活動が行われる。さらに子どもの主体的な興味や問題意識に基づく探究活動を通して、知識・技能の習得と活用が促進されるべきであろう。指導内容が増加するが、効果的な知識・技能等に絞り込んでたとえば小学校低・中学年では「読み・書き・計算」等の繰り返し学習が重視されるべきである。

（3）思考力・判断力・表現力および主体的な学習態度

第3に，思考力・判断力・表現力等の育成が喫緊の課題となり，これらの力を育成するためには，観察・実験，レポートの作成，論述など知識・技能を活用する学習活動を充実させることが求められる。さらにこれらの能力の基盤は言語能力であるため，小学校低・中学年の国語科で，音読・暗唱・漢字の読み書き等を定着させた上で，各教科において，記録，要約，説明，論述等の学習活動が展開されるべきであろう。

（4）「確かな学力」が示すもの

第4に，「確かな学力」を確立するために必要な授業時数の確保が盛り込まれた。2008年（小・中学校）・2009年（高校）の学習指導要領改訂は，一貫性をもった学力観「確かな学力」を明示している。この改訂では「ゆとり」か「詰め込み」か，という二項対立的な学力と学習指導の在り方を改め，基礎的・基本的な知識・技能の習得と，思考力・判断力・表現力等の育成とをバランスよくおこなっていく方針を明確にした。それを可能にする学習活動を充実することができるために，国語・理数等の必修教科の授業時数を確保することが必要であると判断した。換言すれば，指導内容の「厳選」から「充実」へ方向転換がされたのである。

（5）学習意欲の向上や学習習慣，および健康的な生活習慣の確立

第5に，学習意欲の向上や学習習慣の確立が謳われている。体験的な学習やキャリア教育等を通じて，学ぶ意義を認識することが必要である。また基礎的・基本的な知識・技能の確実な定着を図り，わかる喜びを実感させ，また，豊かな心や健やかな体の育成のための指導の充実が強調されている。言語能力の重視や体験活動の充実により，他者，社会，自然・環境と関わるなかで，これらとともに生きる自分への自信をもたせる必要がある。また運動を通じて体力を養うとともに，望ましい食習慣等の健康的な生活習慣を形成することが必要である。

(6)「知識基盤社会」への対応としての「知識の活用能力」の提唱

　第6に,2008年(小・中学校)・2009年(高校)の学習指導要領改訂は「知識基盤社会」への対応として「知識の活用能力」を提唱している。ここで「知識基盤社会」とは,変化が激しく,つねに未知の課題に試行錯誤しながら対応が求められる現代社会のことを指し示す。こうした社会を生き抜くために,思考力,判断力,表現力を高めることが求められ,そのために各教科における「言語活動の充実」を通じてこうした能力を育成していくことが要請された。たとえば,国語以外の科目でも「考えをまとめて表現したりレポートを作成したりする」ことが提示されている。このように言語活動の充実は,「習得・活用・探究」の学習を実現するための基盤となるもので,各教科等で展開されるべきであり,また国語以外でも,体験から感じ取ったことを表現したり,互いの考えを伝えあったり,自らの考えや集団の考えを発展させるという学習を,国語をはじめとする各教科等で行うことが提言された。

(7)2015(平成27)年3月の学習指導要領の一部改正について

　教育再生実行委員会の提言や2014(平成26)年10月の中央教育審議会の答申を踏まえて,「道徳の時間」を「特別の教科　道徳」(以下では「道徳科」と略記する)として新たに位置づける学習指導要領の一部改正が2015(平成27)年3月に行われた。そこでの具体的な改正点は

　　ア:道徳科に検定教科書を導入する。
　　イ:道徳の内容について,いじめの問題への対応の充実をする。
　　ウ:問題解決的な学習や体験的な学習などを取り入れて,指導方法を工夫する。
　　エ:数値評価ではなく,児童・生徒の道徳性に係る成長の様子を把握する。

の4点である。以上を踏まえた上で「考え,議論する」道徳科への転換が図られた。そのことにより児童・生徒の道徳性を育むために,2015(平成27)年度から,一部改正学習指導要領の趣旨を踏まえた取り組みが可能となった。今後は,評価について専門家会議が設定され専門的に検討が進められる。小学校は2018(平成30)年度,中学校は2019(平成31)年度から,検定教科書を導入して

「道徳科」を実施することになる。

　小学校学習指導要領の改正後の主たる変更点は以下のとおりである。「第1章　総則」に，学校教育全体としての道徳教育の目標に加えて，配慮事項等が示される。現行の「第3章　道徳」のうち，学校教育全体としての道徳教育に関することは「第1章　総則」に盛り込み，現行の「道徳の時間」から「特別の教科　道徳」に変更して，その内容は「第3章　特別の教科　道徳」に盛り込む。特別の教科である道徳は，学習指導要領において「道徳科」と略記する。

参考文献

安彦忠彦著（2002）『教育課程編成論——学校で何を学ぶか』日本放送出版協会．

安彦忠彦（2008）編『中学校新教育課程教科・領域の改訂解説』明治図書．

大杉昭英編（2008）『平成20年版　中学校学習指導要領全文と改訂のピンポイント解説』明治図書．

佐藤順一編著（2004）『現代教育制度』学文社．

佐野金吾・西村佐二編著（2008）『新教育課程をわかりやすく読む』ぎょうせい．

工藤文三編（2008）『小学校・中学校新学習指導要領全文とポイント解説』教育開発研究所．

柴田義松著（2002）『教育課程論』学文社．

柴田義松著（2004）『教育課程　カリキュラム入門』有斐閣．

鈴木由美子編著（2014）『教育課程論』（教師教育講座第6巻），協同出版．

武安宥編（2003）『教育のロゴスとエロース——人間形成への展望』昭和堂．

田中智志編著（2014）『教育課程論』一藝社．

原清治編著（2005）『学校教育課程論』学文社．

広岡義之編著（2012）『教職をめざす人のための教育用語・法規』ミネルヴァ書房．

広岡義之編著（2010）『新しい教育課程論』ミネルヴァ書房．

文部科学省（2008）『中学校学習指導要領』東山書房．

文部科学省（2008）『小学校学習指導要領』東京書籍．

文部科学省編（2008）『中学校学習指導要領解説　総則編』ぎょうせい．

文部科学省編（2008）『小学校学習指導要領解説　総則編』東洋館出版社．

山口満監修，樋口直宏編著（2005）『実践に活かす教育課程論・教育方法論』学事出版．

文部科学省ホームページ．　　　　　　　　　　　　　　　（広岡義之）

第4章
幼児教育・小学校教育における教育課程
——教育課程の編成・実施・評価——

　子どもたちが健やかに成長するためには，保育活動・教育活動が意図的・計画的・組織的に展開される必要がある。

　そのためには，子どもたちに生じている課題の解決やこれから求められる資質・能力の育成を目指し，活動の各領域や教科等の内容，各内容の量や質，関連，系統にも検討を加えた長期の教育プラン（教育課程の編成）が必要となる。

　ここでは，幼稚園・小学校における教育課程の編成・実施・評価の要点を示す。

1 幼児教育における教育課程

　幼児期の教育（以後，幼児教育と略）は，生涯にわたる人格形成の基礎を培うえで重要であることが再認識され，近年，教育の強化が提起されている。
　そのなかで，改訂（定）された「幼稚園教育要領」（文部科学省）や「保育所保育指針」（厚生労働省）が着実に実施されるための教育環境の改善と充実が，課題となっている。
　教育基本法（2006〔平成18〕年12月22日改正）第11条（幼児期の教育）では幼児教育について，

> 　幼児期の教育は，生涯にわたる人格形成の基礎を培う重要なものであることにかんがみ，国及び地方公共団体は，幼児の健やかな成長に資する良好な環境の整備その他適当な方法によって，その振興に努めなければならない。

と述べ，幼児の健やかな成長に資する良好な環境の整備等による幼児教育の振興のための国や自治体の努力義務を定めている。
　ここでは，「幼稚園教育要領」を中心に，幼稚園の教育課程とその他の教育活動について，その概要や特徴を整理し幼児期の教育課程編成の在り方を探る。
　なぜなら，2008（平成20）年の幼稚園教育要領の改訂[*]，保育所保育指針の改定[*]で，保育内容として「健康」「人間関係」「環境」「言葉」「表現」の5領域が示され，そこに示されたねらいが，幼稚園と保育所と同一のものになっている。
　保育所保育指針はこれまで，厚生省局長による「通知」であり「ガイドライン」であったが，2008（平成20）年の大臣による「告示化」により，尊守すべき最低基準として法的な拘束力・制約力をもつものとなった。このことは，幼稚園と保育所がともにわが国の幼児期の教育を担う大切な施設として，その期間の教育の充実が義務付けられたことを意味している。
　2006（平成18）年創設の認定こども園についても，学校教育法第23条各号に掲げる目標の達成に向けた幼児期の教育が求められている（認定こども園の教育課程その他の教育に当たっては，幼稚園教育要領及び児童福祉法第45条第2

項の規定に基づき児童福祉施設に関する厚生労働省令で定める基準〔同項第3号に規定する保育所における保育の内容に係る部分に限る。〕との整合性の確保並びに小学校〔学校教育法第1条に規定する小学校をいう。〕における教育との円滑な接続に配慮しなければならない〔就学前の子どもに関する教育，保育等の総合的な提供の推進に関する法律第10条2項〕）。

　＊幼稚園教育要領は「改訂」，保育所保育指針は「改定」と呼ばれる。

（1）幼児の実態・取り巻く教育環境の変化と教育課程

　近年，子どもたち自身や取り巻く環境等に，大きな変化が生じている。

　具体的には次のような子どもの姿である。

　基本的な生活習慣の欠如，食生活の乱れ，自制心や規範意識の希薄化，自然体験や戸外での遊びの減少による運動能力の低下，コミュニケーション能力の不足，共同生活に適応できない子どもの増加等。

　教育環境は，次のような変化である。

　少子化に伴う子ども同士が触れ合い学び合う機会の減少，情報の過多やゲーム機等を使った遊び等の増大，社会の変化に伴う家庭・地域の教育力の低下，保護者の子育て不安等。

　このような幼児の実態や，その要因となる幼児を取り巻く教育環境の変化が，幼児教育を推進する上での課題を生み出し，その課題を解決するための教育課程の内容が準備・編成され実践されることが求められている。

（2）幼稚園教育の目的・目標と教育課程

　教育課程は，子どもの健やかな成長を意図的・計画的に図るための長期プランである。そのためには，何を目指しているかをとらえることが必要である。

　学校教育法第3章幼稚園第22条（目的）には，次のように述べられている。

> 　幼稚園は，義務教育及びその後の教育の基礎を培うものとして，幼児を保育し，幼児の健やかな成長のために**適当な環境**を与えて，その心身の発達を助長することを目的とする。
>
> （太字は引用者）

同23条（目標）には，22条に規定する目的を実現するため，次の5つの目標を掲げている。整理すると次のような内容である。
　① 基本的な生活習慣の形成と身体諸機能の調和的な発達を図る。
　② 自主，自律及び協同の精神並びに規範意識の芽生えを養う。
　③ 身近な社会生活，生命，自然に対する正しい理解と態度，思考力の芽生えを養う。
　④ 言葉の正しい使い方の指導と相手の話を理解しようとする態度を養う。
　⑤ 豊な感性と表現力の芽生えを養う。

（3）幼稚園の教育内容

　幼児教育の目的・目標が明確になったら，内容を整理することである。
　幼稚園教育要領では，目指す幼稚園の教育内容として，「教育課程」と「その他の内容」で構成され，次のように示されている。
　　・教育課程の内容…5領域：「健康・人間関係・環境・言葉・表現」
　　・その他の内容……地域の実態や保護者の要請により教育課程に係る教育
　　　　　　　　　　　時間の終了後等に行う教育活動（預かり保育）及び各
　　　　　　　　　　　種の子育てのための支援活動
　したがって，それぞれの園においては，「教育課程にある5領域」と「その他の教育活動・支援活動」を通して指導が進められることになる。

（4）幼稚園での教育の進め方

　幼稚園で幼児を教育する際の基本として，「幼稚園教育要領（平成29年）　第1章総則第1幼稚園教育の基本」に，次のように述べられている。
　「…幼児期の特性を踏まえ，環境を通して行うものであることを基本とする。このため教師は，幼児との信頼関係を十分に築き，……幼児と共によりよい教育環境を創造するように努めるものとする。」とし，そのために重視する事項について示されている要点を整理すると次のとおりである。
　① 幼児の**主体的な活動を促し，幼児期にふさわしい生活が展開される**ようにすること。

② **遊びを通した指導を中心**に，幼児教育のねらいが総合的に達成されるようにすること。

③ 幼児の生活経験がそれぞれ異なることから，**幼児一人ひとりの特性に応じ，発達の課題に即した指導**をすること。　　　　（太字は引用者）

　これらのことから，幼児教育を具体的に進める指導者には，教育環境を整えるとともに幼児との信頼関係をしっかりと築き，一人ひとりの特性に応じた「多様な活動の場の設定」「遊び中心の楽しい活動」「子どもの興味・関心，活動意欲を重視した展開」に留意し，活動を豊にすることが求められている。

（5）教育課程の編成

　教育課程の編成については，「幼稚園教育要領　第1章総則第3教育課程の役割と編成等」に，次のように示されている。

> …法令並びにこの幼稚園教育要領の示すところに従い，…幼児の心身の発達と幼稚園及び地域の実態に即応した適切な教育課程を編成するものとする。

　そして，「教育課程の編成上の基本的事項」として次の3点を挙げている。概要は次のとおりである。

① 幼児期の発達特性を踏まえ，入園から修了に至までの充実した園での生活

② 毎学年の教育課程に係る教育週数は，39週（特別な事情がある時は除く）を下らないこと

③ 幼稚園の1日の教育課程に係る教育時間は4時間を標準

　また，「第3章　教育課程に係る教育時間の終了後等に行う教育活動などの留意事項」では，幼稚園教育の基本を踏まえるとともに，幼児の生活全体が豊になるよう家庭や地域と連携した教育活動に努めることが求められている。

（6）幼児教育の5領域で養う力と教育課程の編成

　幼稚園教育要領に示されている領域と，各領域で養う力は，次のとおりである。

① 健　康（心身の健康に関する領域）

健康な心と体を育て，自ら健康で安全な生活をつくり出す力を養う。
② 人間関係（人とのかかわりに関する領域）
　他の人々と親しみ，支え合って生活するために，自立心を育て，人とかかわる力を養う。
③ 環　境（身近な環境とのかかわりに関する領域）
　周囲の様々な環境に好奇心や探究心をもってかかわり，それらを生活に取り入れていこうとする力を養う。
④ 言　葉（言葉の獲得に関する領域）
　経験したことや考えたことなどを自分なりの言葉で表現し，相手の話す言葉を聞こうとする意欲や態度を育て，言葉に対する感覚や言葉で表現する力を養う。
⑤ 表　現（感性と表現に関する領域）
　感じたことや考えたことを自分なりに表現することを通して，豊かな感性や表現する力を養い，創造性を豊かにする。

幼稚園教育要領に示されている領域と各領域で養う力は，「保育所保育指針」「幼保連携型認定こども園教育・保育要領」にも同じ内容が示されている。

（7）幼児教育課程編成の基本

　幼児期の心身の発達とそれに対応した学習指導が求められることから，幼児期にふさわしい教育課程の編成が必要となる。その際の基本は次の3点である。

① 「遊び」が中心
　遊びを中心として編成される。なぜなら，幼児は遊びを通して学ぶからである。
　遊びには，次のような遊びが考えられる。
・身体運動にかかわる遊び（サッカー，ドッジボール，鬼ごっこ，竹馬乗り，陣取り　など）
・五感を通した創造的遊び（砂場でのトンネルづくり，水遊び，土だんごづくり　など）

- ごっこ遊び（色水を作ってのジュース屋さんごっこ，木の葉や木の実を使ったお店屋さんごっこ，長縄を使ての電車ごっこ，変身ごっこ など）
- 室内での創造的遊び（カードづくり，お絵かき，カルタ，ゲーム，つみ木 など）
- 劇遊び（読み聞かせなどから発展した遊び）

「遊びによらない教育課程」は２割ほどで，取り立て指導が中心となる。次のような内容である。

- 「園生活のきまり」（あいさつ，後片付け，トイレの使い方 など）
- 「してはならないこと」（いじめ，わがまま，危ない行動 など）
- 「しなければならないこと」（話を静かに聞く，自分の靴は所定の所 など）
- 簡単な「読み・書き・算」

② 直接体験が基盤

　幼児教育においては，全身を使った直接体験が基盤である。

　そのため，身近な自然（花や作物，昆虫 など）や施設（公園に設置されている遊具や手洗い場，広場のベンチ，図書館等），地域の人々に触れ合いながら教育活動が展開されるよう教育課程が編成される。

　その過程で，子どもたちは五感を通して自然の素晴らしさや施設等の利用の仕方，人々とのかかわり方やその大切さを学び取っていく。

　たとえば，次のような活動が考えられる。

- 栽培活動（さつまいも，ミニトマト，アサガオ，ひまわり など）
- 飼育活動（かぶとむし，くわがたむし，すずむし，めだか など）
- 水遊び，砂あそび，公園の遊具での遊び，散歩 など

「ごっこ遊び」や「劇遊び」は，直接体験ではないが，幼児教育課程にとっては重視されている。それらの遊びも，子どもの直接体験が豊かであるほど活発に展開される。

③ 主体的な活動を促す環境の構成

　幼児が環境に意欲的にかかわる活動を通して，豊かな学びが生まれるが，そ

のためには，子どもの生活とかかわりのある環境，興味・関心を引き出す環境を園や地域の実態に即して準備することが大切である。つまり，季節毎に変化する地域の自然の様子（動植物の成長や四季の変化）や人々の生活，地域の行事等と関連付けた活動を準備することであり，このことは，園の置かれた自然環境や社会環境を生かした特色ある教育課程の編成となる。

（8）教育課程編成の進め方
① 教育課程の編成と責任

　教育課程編成の主体者は園長であり，このことは，学校教育法27条の4に，「園長は，園務をつかさどり，所属職員を監督する。」と規定されている。

　また，前述したとおり，幼稚園教育要領第1章第3教育課程の役割と編成等に「…各幼稚園においては，…法令並びにこの，幼稚園教育要領の示すところに従い…適切な教育課程を編成するものとする。」と規定されている。そして，一般的には市町村教育委員会の学校管理規則で「教育指導計画は，園長が編成し…」と具体化されている。

　しかし，このことは園長一人で教育課程の編成のすべてを行うことではなく編成の責任と権限の所在を明らかにしたものである。園は一つの組織体であり，園長の指導のもとすべての教師が創意と工夫をもって，幼児の心身の発達・地域や園の実態に即した適切な教育課程の編成を行うことが大切となる。

② 教育課程編成の手順

　教育課程編成の効率や妥当性を高めるには，次のような手順が必要となる。

［1］教育課程編成のための事前研究（編成の原則についての共通理解）
- 法令（教育基本法，学校教育法，学校教育法施行規則，幼稚園設置基準，児童福祉法，児童福祉法施行令，児童福祉施設の設置及び運営に関する基準，就学前の子どもに関する教育，保育等の総合的な提供の推進に関する法律，子ども子育て支援法 など）や要領（幼稚園要領，保育所保育指針，幼保連携型認定こども園教育・保育要領）等に示された決まりや内容の理解
- 実態の把握（幼児の実態，園の実態，家庭・地域・社会の実態やニーズ）

・子どもの心身の発達段階と特性
・前年度の教育課程の評価
・他園の教育課程

［2］幼児教育の目的の確認，教育目標の設定

　幼児教育の目的について，幼稚園の教育は，学校教育法の第3章「幼稚園」第22条（目的）に，保育所は，保育所保育指針の第1章総則2「保育所の役割」に，こども園は，就学前の子どもに関する教育，保育等の総合的な提供に関する法律（通称［認定こども園法］）に示されている。これらを踏まえ自園の目的が設定される。なお目的は，幼児教育を実施するうえでの根本的な考え方を示すことになる。

　目標も目的と同様の法に示されているので，それを踏まえ，自園の教育目標は，自園の幼児教育の目的に沿った育てたい子どもの姿や育てるために重視する方策等を具体的に示すことになる。したがって，各園では，子ども・園・地域の実態，子どもを取り巻く環境，設置者の方針等を加味して園独自の幼児教育の目的・目標が設定されることになる。

［3］教育課程編成の基本方針の作成

　園での生活全体を通して教育目標を達成するため，「何を重視し」「いつ迄に」「どんな手順で」「どんな教育課程を編成するのか」を明確にすることである。［2］［3］は所属長が中心となり作成されるが，［1］を含め［2］［3］を全職員が共通理解することが，教育目標を達成するためには重要である。

［4］編成のための組織づくりと作業日程の決定・編成作業

　［2］［3］が明確になったら，「誰が」「どんな内容を」「どんな形式で」「いつ迄に」作成するかを明確にすることである。

［5］発達段階に即した「ねらい」「内容」の設定と具体化・組織化

　教育課程編成のための役割分担・日程が決定したら，教育目標が達成されるように，まず，幼児の時期ごとの大まかな成長を見通し，次に，その成長に見合った豊かな活動が展開されるよう，遊びを通した指導を中心に，具体的な「ねらい」と「内容」を明確にすることである。

　幼稚園教育要領等では，幼児に身に付けさせたい内容が年齢や時期に分けら

れることなく，入園から卒園までという長期的な方向性として示されているに過ぎない。そのため，教育課程の編成においては，入園から卒園までの園生活を年齢や時期（○○期）に細分化し，より具体的にしていくことになる。

　この際に，発達段階に合わせ，多様な体験を重ねるなかで，各々の体験や活動ではぐくむ具体的な姿や力を理解し，各姿や力相互の関連性・系統性について丁寧に検討を加えることが大切である。その後，細分化された内容に対する具体的な指導計画を作成することになるが，直接指導している指導者の実践に基づいた意見（含：前年の成果・課題等）を尊重することが確かな計画となる。

　作成された指導計画は，提案日に作成者が全職員に提案し，改善して作り上げることになる。この場合，教育課程編成の担当者が教育課程の全体に目を向け，教育目標を達成するための一貫性や系統性，全体とのバランス，五領域*やその他の内容，各教育活動との関連に十分配慮し仕上げることが，教育活動全体を充実させ，効率よく教育目標の達成に向かうことになる。

　　＊56頁の13～16行目を参照。

(9) 教育課程の実践・評価と再編成

　(1)～(8)を踏まえて編成された教育課程に示された指導計画に沿って日々の教育活動が展開されることになるが，実施後，振り返ることが大切である。「活動の進め方・時期・環境整備・支援体制・準備等」の反省である。幼児の成長や個の実態に即していたか，幼児の具体的な姿との食い違いはなかったかなどの振り返りを繰り返し，次年度の教育課程の編成に生かすことである。

　近年，小学校に入学した子どもの中に，「話しが聞けない」「友達と協力しながらの活動ができない」ため，1年生の担任が全体での指導ができない現象（小1プロブレム）も生じており，「人間関係」や「言葉」の領域での指導や取り立て指導，園と小学校との連携の充実が期待されている。

　以上，幼児教育の教育課程について述べてきたが，教育実践を積み重ね改善することによって初めて充実した教育課程が編成され実施されることになる。

2　小学校の教育課程

（1）児童の実態・これからの社会に求められる能力と教育課程
① 国際学力調査（PISA*）等から明らかになった日本の児童・生徒の課題
　(1) 思考力・判断力・表現力や，知識・技能を活用する能力の不足
　(2) 読解力の成績分布の拡大と，その背景として家庭での学習時間の減少などにみられる学習意欲の低下，学習習慣や生活習慣形成の格差
　(3) 自分への自信の欠如や自らの将来への不安，体力の低下傾向
　　＊PISA調査は2000（平成12）年から開始され，3年毎に実施。最近は徐々に改善されているが，調査の内容はこれから求められる能力・態度であり，さらに伸ばす必要がある。

② これからの社会に求められる能力
　OECD（経済協力開発機構）は，2000（平成12）年に，これからの社会に求められる主要能力として次の3点を挙げている。
　(1) 道具を相互作用的に用いる力（含む情報テクノロジー・言語）
　(2) 異質な集団のなかでも交流できる力
　(3) 自律的に活動する力

　さらに，2017（平成29）年の学習指導要領の改訂では，今後新たな事態や現代的な課題へ対応できる資質・能力，そのための学び続ける姿勢が必要であると強調されている。

　以上のような「子どもの実態」「これからの社会に求められる能力」「子どもを取り巻く教育環境の変化」を踏まえ，教育基本法やその他の関係法が改正されてきた。これを受け，子どもが健やかに，しかも，これからの社会を逞しく生き抜く力を身に付けることを目指した教育課程が編成・実施されることになる。

（2）小学校教育の目的・目標と教育課程
　学校教育の目的や目標および教育課程については，前述した幼児教育の教育課程の編成で述べたように，教育基本法や学校教育法，学校教育法施行規則，

学習指導要領等により定められている。

　小学校の目的は，教育基本法の「教育の目的」(第1条)・「教育の目標」(第2条)を受け，学校教育法第29条（目的）に次のように示されている。

> 小学校は，心身の発達に応じて，義務教育として行われる普通教育のうち基礎的なものを施すことを目的とする。＊

　　＊「普通教育」とは，全国民に必要とされる一般的・基礎的な教育であり，初等（小学校）・中等（中学校）」・高等（高等学校）の3段階からなる。

　小学校教育の目標は，学校教育法第30条第1項に次のように定めている。

> …目的を実現するために必要な程度において第21条各号に掲げる目標を達成するよう行われるものとする。

　なお，学校教育法第21条（義務教育の目標）に掲げられている義務教育として行われる9年間の普通教育の目標の要点は次のとおりである。

① 主体的に社会の形成に参画し，その発展に寄与する態度を養うこと。
② 生命及び自然を尊重する精神並びに環境の保全に寄与する態度を養うこと。
③ 伝統と文化を尊重し，我が国と郷土を愛する態度を養うとともに，他国を尊重し，国際社会の平和と発展に寄与する態度を養うこと。
④ 衣，食，住，情報，産業等について基礎的な理解と技能を養うこと。
⑤ 読書に親しませ，国語を正しく理解し，使用する基礎的な能力を養うこと。
⑥ 数量的な関係を正しく理解し，処理する基礎的な能力を養うこと。
⑦ 自然現象を，科学的に理解し，処理する基礎的な能力を養うこと。
⑧ 健康，安全で幸福な生活のために必要な習慣を養うとともに，運動を通じて体力を養い，心身の調和的な発達を図ること。
⑨ 音楽，美術，文芸その他の芸術の基礎的な理解と技能を養うこと。
⑩ 職業についての基礎的な知識と技能，勤労を重んずる態度及び個性に応じて将来の進路を選択する能力を養うこと。

これを受け，各小学校では，子ども・学校・地域の実態，設置者の方針等を加味して，学校の教育の目的・目標が設定されることになる。
　小学校で編成する教育課程は，普通教育の最初の段階を担っており，諸発達の基礎を築くうえで重要な位置を占めていることがわかる。
　そこで本節では，小学校学習指導要領*の「内容の要点」「教育課程編成の原則」「配慮すべき事項等」を整理し，教育課程編成の在り方を探る。

　　　＊「小学校学習指導要領」は，1947（昭和22）年に試案として作成されて以来，およそ10年に一度，これまでに8回改訂されている。今日では，「告示」文書として，法的拘束力を有するものとして位置付けられている。

（3）学習指導要領と教育課程

　日本の小学校で教えるべき指導内容は，小学校学習指導要領によって規定されている。学習指導要領は，学校が教育課程を編成する際の国家の基準であり，教育に当たっての学年毎・教科等毎の指導計画作成の際の指針を示している。
　2017（平成29）年の改訂において示された基本方針は，次の3点である。
　　① 豊かな人生の実現や諸課題に対応できる資質・能力の重視
　　② 教科等で育てる資質・能力の明確化・構造化と横断的な視点での育成
　　③ 評価・改善による組織的かつ計画的な教育活動の質の向上
　　　（「学習指導要領」の「前文」および「総則」）

（4）小学校の教育内容と教育課程

　自校の教育の目的・目標が明らかになったら，内容を明確にすることである。
　各学校において編成される教育課程は，教育の目的や目標を達成するために，教育の内容を生徒の心身の発達に応じ，授業時数との関連において総合的に組織した学校の教育計画である。学校教育法施行規則第50条（教育課程の編成）には，小学校においては各教科，道徳，外国語活動，総合的な学習の時間並びに特別活動によって教育課程を編成するものとすると明示されており，5領域を通して教育活動が展開されることになる。図化したのが図4-1である。

［教育課程］ ･各教科：国語，社会，算数，理科，生活，音楽，図画工作，家庭，体育，外国語
･特別の教科　道徳
･外国語活動
･総合的な学習の時間
･特別活動 ── 学級活動／児童会活動／クラブ活動／学校行事

図4-1　小学校教育課程の編成領域

注：これまで「道徳の時間」として位置づけられてきたが，平成30年度からは「特別の教科　道徳」となる。

（5）小学校での教育課程の編成の原則

小学校学習指導要領の第1章総則第1小学校教育の基本と教育課程の役割の「1」に，教育課程編成の原則が示されている。全文を紹介する。

> 1　各学校においては，<u>教育基本法及び学校教育法その他の法令並びにこの章以下に示すところに従い</u>，児童の人間としての調和のとれた育成を目指し，<u>児童の心身の発達の段階や特性及び地域や学校の実態を十分考慮して，適切な教育課程を編成する</u>ものとし，これらに掲げる目標を達成するように教育を行うものとする。
>
> （下線は引用者）

小学校学教育の基本と教育課程の役割の「2」においては，主体的・対話的で深い学びの実現による生きる力の育成が掲げられ，そのための努力点が3点から述べられている。

1) 基礎・基本の徹底，問題解決力（思考力，判断力等）のはぐくみ，主体的な学習態度の育成，そのための家庭との連携を図った学習習慣の確立。
2) 特別の教科道徳を要としての道徳教育の充実による，他者と共によりよく生きるための基盤づくり。
3) 体育・健康に関する指導の充実による，生涯を通して安全で活力ある生活を送るための基礎の培い。

教育課程編成の原則は次の5点である。

① 各学校において編成する

教育課程を編成する主体が学校であることを示しており，校長が責任者にな

り当該学校所属の全教職員の協力によって編成する。
② 法令並びに学習指導要領に沿って編成する
　教育基本法及び学校教育法その他の関連法，小学校学習指導要領等に，小学校教育の目的，目標，教育課程の編成領域（内容），授業時数，配慮事項等が示されており＊，それらに沿って教育課程を編成することになる。

　　＊この基準については，2002（平成14）年の文部科学大臣の「確かな学力向上のための2002アピール『学びのすすめ』」（2002年1月17日）において，すべての児童・生徒が学ぶべき最低基準であり，「学校において特に必要がある場合」には「発展学習」として学習指導要領の範囲を超えて学習することを認めている。

　また，1998（平成10）年の学習指導要領の改訂で誕生した「総合的な学習の時間」は，学校の実態に応じた学習展開が求められ，学校に大幅な創意工夫の余地が認められている。
③ 地域や学校の実態に即して編成する
　地域や学校の実態に即して編成するということは，地域の生活環境や住民の願い，学校の規模等を考慮することであるが，地域の施設・設備や人材等を積極的に活用した教育課程の編成が求められている。
④ 児童の心身の発達段階や特性を考慮して編成する
　児童の心身の発達段階や特性を考慮するとは，子どもの性格や興味・関心，適正などを的確に把握したり，個々の家庭の状況なども考慮しながら教育課程を編成することである。

　③④が，各学校の諸状況に即した教育課程の編成を創り出すことになる。
⑤ 道徳教育や体育・健康教育は，全教育活動を通して行うよう編成する
　小学校（中学校も同じ）における道徳教育は，「特別の教科　道徳」を要として学校の教育活動の全体を通して行うことが求められている。

　特に今回の学習指導要領の改訂では，人間尊重の精神と生命に対する畏（い）敬の念を具体的な生活の中に生かすことが重視されている。そのために，豊かな心をもち，文化と伝統を尊重し，それらをはぐくんできた我が国と郷土を愛し，個性豊かな文化の創造を図るとともに，国際社会の平和と発展や環境の保全に貢献する主体性のある日本人育成のための基盤としての道徳性の養い

が目指されている。

　体育・健康に関する指導においても，全教育活動を通して行うことや，食育の推進や安全，心身の健康の保持増進に関する指導に努めることが求められている。

（6）教科等の授業時数と教育課程の編成

　表4-1は，2017（平成29）年の学習指導要領の改訂で示された小学校の教科等の授業時数である。改訂の度に指導領域・指導時数等が変化するのは，「子どもの実態」や「これからの社会に求められる能力」等を踏まえたからであり，今回も次の点への配慮が反映されている。

　　① 基礎的・基本的な知識・技能の習得の徹底
　　② 具体的な活動や体験の充実による思考力・判断力・表現力の育成
　　③ 学習意欲の向上や学習習慣の確立
　　④ 豊かな心の基盤や健やかな体の基礎の培い
　　⑤ 社会や経済のグローバル化の進展への対応

　なお，次の教科等は下記のような理由で新たに生まれているので紹介する。

・「特別の教科　道徳*」

　心の教育の必要から1958（昭和33）年に第1～6学年に「道徳の時間」として特設され，今回の改訂で「特別の教科　道徳」となる。

　　＊「道徳の時間」はそれまで社会科を中心に扱っていたので，「特設」とされている。

・「生活科」

　発達段階への配慮から1989（平成元）年に第1～2学年に新設。

・「総合的な学習の時間」

　学校週5日制の導入に対応し，実生活と関連のある問題の解決力育成を目指して1998（平成10）年に第3～6学年に新設。

・「外国語活動」「外国語」

　国際化への対応から2008（平成20）年に第5・6学年に「外国語活動」が新設され，今回の改訂では，第5・6学年は教科「外国語」となり，第3・4学年に新たに「外国語活動」を導入。

　教育課程編成の手順は幼児教育で述べているので，ここでは省略する。

第4章　幼児教育・小学校教育における教育課程

表4-1　小学校の標準授業時数

平成29年3月の一部改正

	第1学年	第2学年	第3学年	第4学年	第5学年	第6学年	計
国語	306	315	245	245	175	175	1461
社会			70	90	100	105	365
算数	136	175	175	175	175	175	1011
理科			90	105	105	105	405
生活	102	105					207
音楽	68	70	60	60	50	50	358
図画工作	68	70	60	60	50	50	358
家庭					60	55	115
体育	102	105	105	105	90	90	597
特別の教科 道徳	34	35	35	35	35	35	209
特別活動	34	35	35	35	35	35	209
総合的な学習の時間			70	70	70	70	280
外国語活動			35	35			70
外国語					70	70	140
合計	850	910	980	1015	1015	1015	5785

平成20年3月の一部改正

	第1学年	第2学年	第3学年	第4学年	第5学年	第6学年	計
国語	306	315	245	245	175	175	1461
社会			70	90	100	105	365
算数	136	175	175	175	175	175	1011
理科			90	105	105	105	405
生活	102	105					207
音楽	68	70	60	60	50	50	358
図画工作	68	70	60	60	50	50	358
家庭					60	55	115
体育	102	105	105	105	90	90	597
道徳	34	35	35	35	35	35	209
特別活動	34	35	35	35	35	35	209
総合的な学習の時間			70	70	70	70	280
外国語活動					35	35	70
合計	850	910	945	980	980	980	5645

注）標準授業時数は、学校教育法施行規則の一部を改正することで正式に決定する。
この表の授業時数の1単位時間は45分。
各教科等の授業時間について、年間35単位時間を超える部分について、15分程度の短い時間を単位にするなど、柔軟な時間割を編成して実施することができる。

(7) 指導計画と教育課程の編成

　教育課程は，教育内容を学年段階に応じて授業時数との関連において総合的に組み上げた学校の教育計画で，教科等毎に具体化したのが指導計画である。

　したがって，指導計画では，各教科，道徳，外国語活動，総合的な学習の時間および特別活動の各々に，学年毎あるいは学級毎，指導目標，指導内容，指導の順序，指導方法，使用する教材・教具，指導時間の配当等が示される。

　指導計画には，1年間の指導計画や2年間にわたる長期の指導計画（学年目標が2年間に渡る教科等），学期毎，月毎，週毎，単位時間毎，あるいは，単元・題材・主題毎の指導計画と，さまざまである。

　指導計画は，子どもが意欲的に学習に参加し，しっかりと内容を身に付けたり能力や態度を育てたりするための準備であり，長期の計画では，まず，単元や題材等の配列に着目し，「配列の順序や時期は適切か」「他教科等との関連が図られているか」「費やす時間（配時）は与えられた年間の指導時数を適切に配分しているか」等を検討することが大切である。

　月毎や週毎の指導計画では，長期の指導計画よりも具体的になるが，実施する際の準備，子どもの実態に即した指導計画となる。

　1単位時間の指導計画は，計画がよりきめ細かくなり，学習活動の内容や活動に必要な準備，配慮事項，個に即した支援の内容等を明確にしていく。

　小学校学習指導要領第1章第2の3の（3）の「指導計画作成にあたっての配慮事項」には，調和のとれた指導計画を求めている。概要は次の4点である。

　① 各教科の各学年の指導では，まとめ方や重点の置き方に適切な工夫を
　　加えることによる主体的・対話的で深い学びを生み出す効果的な指導。
　② 各教科等及び各学年相互間の関連を図った系統的，発展的な指導。
　③ 学年の目標および内容を2学年まとめて示した教科及び外国語活動に
　　ついての，児童の発達の段階を考慮した効果的，段階的な指導。
　④ 児童の実態を考慮し，指導の効果を高める合科的・関連的な指導。

　さらには，第3の1には次の点への配慮も示されている（下線は引用者）。

　「各教科等の特質に応じた<u>見方・考え方</u>を働かせながら解決策を考える学習」「…児童の<u>言語活動</u>…<u>読書活動</u>…を充実すること。」「…<u>体験的な学習</u>

や…<u>問題解決的な学習</u>…<u>自主的，自発的な学習が促されるよう工夫</u>…」
「…<u>学習の見通しを立てたり</u>…<u>振り返ったりする活動を計画的に取り入れるよう工夫</u>…」

　このように，「主体的・対話的で深い学び」「…問題解決的な学習…」が求められているが，このためには学習展開の工夫とともに，教科等間の関連を図った指導，系統的な指導が重要である。なぜなら子どもたちにとっては日々，教科等に分割された内容を学ぶことになるので，整理・関連づけられた学習はわかりやすく学びが深まることになるし，指導者にとっても指導内容相互の関連・系統を把握しておくことは，学習指導の充実を生み出すからである。

　配慮事項からは，子どもたちが意欲的に学習に取り組み，確かな学力をしっかりと身に付ける指導計画を作成することを求めていることがわかる。

　また，小学校では次のような課題も生じており，改善が求められている。

　まず，幼保・小の連携による入学児が起こす不適応を解消するための指導計画づくりである。2008（平成20）年改訂の学習指導要領の解説「生活編」では，第1学年入学当初のカリキュラムをスタートカリキュラムとして改善することを求めていたが，今回の改訂ではさらに弾力的な時間割の設定を含めた指導計画が求められている。

　次に，教育基本法の改正（2006〔平成18〕年）において示された小中連携による義務教育の目的・目標の達成である。特に小学校は6年間を担うことになり，基礎・基本をしっかり身に付ける教育課程の編成実施が求められている。

　さらに近年，今までの学習の進め方を再度見直し，各学級での毎日の学習が，学び手が主体的に問題を発見し解を見出していく能動的な学習「アクティブラーニング」となるよう，学校を挙げて取り組むことが迫られている。

（8）教育課程の実践・評価と再編成

　教育課程の実践は，各教科等の指導計画に沿って展開されるが，実践が全て終了してから成果を確認（評価）していたのでは改善が遅れてしまうので，実践の途中で随時チェック（C：check―点検・評価）し改善（A：action―実行）へつなぐことが大切である。つまり，P・D・C・Aのきめ細かなサイク

ル化である。ただ，教育課程全体のP・D・C・Aが充実しないことには学校の教育活動全体の向上は図られない。そこで，2ヵ月に1回程度，学校全体でのC・Aが必要である。明らかになった成果は，その要因を共有して以後の実践に生かし，課題は学校全体で解決策を探り実践すべきである。また，日々の実践においてはきめ細かな計画を立て，情熱と愛情，子どもに学ぼうとする謙虚な姿勢をもって指導にあたる必要がある

　なぜなら，冒頭で述べたように，教育環境の変化から生じる子ども側からの課題の解決や，これからの社会に求められる資質・能力の基礎の育成のために小学校教育が実施されるからである。

　このことについては法に示され，「教育活動状況の評価」（学校教育法42条：2007（平成19）年6月改正）の実施やその公表，設置者への報告（学校教育法施行規則66条・6：2012（平成24）年3月改正）が，義務付けられている。

　いずれにしても，学校長を中心に，学校教育目標の達成を目指して教育課程が編成され，その教育課程が着実に実践されるとともに，改善の積み上げによる教育活動全体の質の向上を図ることが肝要である。

参考文献

広岡義之編著（2010）『新しい教育課程論』ミネルヴァ書房．

小田豊・神長美津子編著（2013）『保育の内容・方法を知る　教育課程総論』北大路書房．

文部科学省（2014）「幼保連携型認定こども園教育・保育要領（平成26年告示）」．

古川治・矢野裕俊・前迫孝憲編著（2015）『教職をめざす人のための教育課程論』北大路書房．

中央教育審議会（2016）「幼稚園，小学校，中学校，高等学校及び特別支援学校の学習指導要領等の改善及び必要な方策等について（答申）」．

新教育課程実践研究会編（2017）『中教審「学習指導要領」答申ポイント』教育開発研究所．

文部科学省（2017）「幼稚園教育要領・小学校学習指導要領」『初等教育資料』4月号，東洋館出版社．

文部科学省（2018）「小学校学習指導要領（平成29年告示）解説　総則編」．

（堤　直樹）

第5章
中・高等学校における教育課程

　中等教育は初等教育と高等教育の間に位置する学校教育の段階である。日本では，中学校と高等学校や中等教育学校，特別支援学校中等部と高等部，高等専修学校などが担っている。

　特に近年では，小中一貫や中高一貫が制度化され選択的な導入がすすめられており，中等教育の教育課程はさらに多様化してきている。

　教職課程を履修し，教壇に立つことを目指している学生にとっては，中学校と高等学校は教科の名称や学級担任制，部活動等の類似点や生徒の学校生活の連続性などが注目されるだろう。

　一方，中学校と高等学校の間には，義務教育の区別以外にも，全日制・定時制・通信制といった通学形態や普通教育以外の職業教育といった目的など相違点も多い。

　小1プロブレム，中1ギャップ，高1クライシス等という言葉があるように，学校間の移行は児童・生徒も戸惑い，学校もその対応に苦慮するところである。中等教育の教育課程は間に位置する学校段階であるため，隣接校種の学校間の違いや連続性について理解しておくことが今後より重要になってくるだろう。

1　中等教育の教育課程の特徴

　中等教育とは，3つの時期に区分する場合に，初等教育と高等教育の間に位置づけられる段階である。中学校と高等学校がこれに対応し，中学校を前期中等教育，高等学校を後期中等教育と分けて呼ぶ場合もある。

　学校体系は年齢に応じて横割りされる段階と教育の種類によって縦割りされる系統からなっているといえる。中等教育の教育課程を段階と系統の2つの側面から考えてみよう。

　段階についてみると，中等教育は先に位置する小学校の教育課程との接続関係と後に位置する高等教育との接続（これには学習内容の系統性だけでなく，大学入試のように選抜的な接続もある）の前後の両方の影響を受ける。さらに中学校と高等学校の教育課程の接続も課題である。

　系統についてみると，義務教育の中学校はさておき，高等学校には普通教育に加え，職業教育の系統がある。また，普通教育と職業教育のそれぞれの教科群においても多くの科目群があり，選択する科目の系統は複雑化している。また，入学難易度や大学進学実績などによって学校間の序列化が進み，それぞれが系統をなしているといえる。学習指導要領という統一的な規準がある一方，実態としては多様化が進み，単線型・平等を理念とした制度と現実の間に齟齬が生じているのである。

　法律における規定をみると，文部省設置法（旧法）の第2条3号には「中等教育とは，中学校，高等学校及び中等教育学校における教育（職業教育を含む）という」と規程がある。その後，文部科学省設置法からは初等中等教育としてくくられることになり，特別支援学校の中等部・高等部が位置づけられるように変わった。学校教育法ではそれぞれの学校の目的は次のように記されている。

第45条　中学校は，小学校における教育の基礎の上に，心身の発達に応じて，義務教育として行われる普通教育を施すことを目的とする。
第50条　高等学校は，中学校における教育の基礎の上に，心身の発達及び進路に応じ

て，高度な普通教育及び専門教育を施すことを目的とする．

　2007（平成19）年の学校教育法改正以前には，「中学校は，小学校における教育の基礎の上に，心身の発達に応じて，中等普通教育を施すことを目的とする。」とあり，高等学校は，中学校における教育の基礎の上に，心身の発達に応じて，高等普通教育及び専門教育を施すことを目的とする，とされており，中等普通教育と高等普通教育という呼称が用いられていた。

　2006（平成20）年の教育基本法改正に伴って，学校教育法第21条には新たに小学校と中学校の義務教育の共通の目標が規定されることになった。高等学校の目標は学校教育法第51条に示されている。

　ところで，中学校と小学校はともに義務教育の学校であるが，相違点も多い。在学者の呼称（小学校は児童であるが，中学校・高等学校は生徒），教科担任制，教科の名称，教員の養成，教員の多くが保持する免許校種，部活動など，小学校と中学校の違いは，中学校と高等学校で共通する特徴であるといえる。

　一方，高等学校は普通教育に加え，職業教育の場であり，普通学科，専門学科，総合学科という3つの学科があり，全日制，定時制，通信制といった学習の仕組みも多様で，学校間の格差も大きい。このように高等学校の教育課程に関わる制度は，中学校に比べてより複雑である。

　中等教育の前期と後期にはこのような類似点と相違点の量を両方に注目した上で，いかにして両者の，あるいは前後の学校種や職業との接続を図るかが課題になっている。

2　中等教育の教育課程の歴史と課題

(1) 中学校の教育課程編成の歴史

　はじめに中学校・高等学校の教育課程の歴史を概観する。中学，高等学校ともに第二次世界大戦後の6・3・3制とともにスタートした学校である。旧制中学・高校とは異なる学校として，順にみていくことにしよう。

　中学校は，第二次世界大戦後の1947（昭和22）年にはじまった。戦前のエ

リート教育の学校である「旧制中学校」と区別して,新しいタイプの学校として新制中学校と呼ばれた。義務制,全日制,男女共学を基本的な形態としている。戦後の民主主義社会の担い手を育てる教育を目指し,新たな教科の創設が試みられた。新制中学校の教育課程の特徴をみてみよう。

　第一に「社会科」が,戦前の「修身」「公民」「地理」「歴史」を（1951〔昭和26〕年までは日本史・国史が残存していたが）総合した教科として,創設された。1989（平成元）年の学習指導要領改定で小学校1・2年の生活科の創設,高校の「地理歴史科」「公民科」への分割まで,小学校1年から高等学校3年まで学んでいた教科である。

　第二に,「自由研究」が教科の一つとして設定された。内容的には現在の教科外の活動である,クラブ活動や委員会活動,当番などが含まれていたが,のちに特別教育活動へと発展的に解消された。

　第三に「職業科」が必修・選択の両方に置かれ「農業」「商業」「水産」「工業」「家庭」のいずれかを学ぶこととされた。その後,職業・家庭科への再編を経て1958（昭和33）年の学習指導要領において教科「職業」は廃止され,あらたに農業,工業,商業,水産,家庭科へと分解された。

　次に,教科の構成を見ると,必修教科と選択教科の区分が2008（平成20）年の改訂まで存在した。1998（平成10）年の改定以前には「外国語」も選択教科の枠内にあった。中学校の教育課程においても,能力や適性に応じるという観点から選択教科の幅は一貫して拡大する傾向にあった。2008（平成20）年の現行の学習指導要領においては,選択教科について,「置くものとする」から「置くことができる」とされ,授業の時間増もあいまって事実上選択が姿を消すことになった。

　それぞれの時期の授業の時間数をみてみよう。どの時期も年間35週にわたって授業をすることを想定していることは共通している。学習指導要領が試案の時期には幅があった授業時数は,1958（昭和33）年からの改訂で,一律になった。1969（昭和44）年には授業時間数は1190時間とピークに達した。その後,減少に転じ,1998（平成10）年には学校5日制の実施などを背景に980時間に減少した。その後,内容の確実な習得や知識・技能の活用のためとして2008（平

第5章　中・高等学校における教育課程

1947（昭和22）年『学習指導要領（試案）』									
必修：	国語	習字	社会	国史	数学	理科	音楽	図画工作	体育	職業
選択：	外国語	習字	職業	自由研究					
授業時数：	1,050-1,190時間								

1951（昭和26）年『学習指導要領』1次改訂								
必修：	国語（習字を含む）	社会（日本史を含む）	数学	理科	音楽	図画工作	保健体育	職業・家庭
選択：	外国語	職業・家庭	その他の教科					
授業時数：	980～1,190時間							
教科以外の領域：	特別教育活動							

1958（昭和33）年『学習指導要領』2次改訂								
必修：	国語	社会	数学	理科	音楽	美術	保健体育	技術・家庭
選択：	外国語	農業	工業	商業	水産	家庭	数学	音楽	美術
授業時数：	1,120時間							
教科以外の領域：	道徳	特別教育活動	学校行事等					

1969（昭和44）年『学習指導要領』3次改訂								
必修：	国語	社会	数学	理科	音楽	美術	保健体育	技術・家庭
選択：	外国語	農業	工業	商業	水産	家庭	その他特に必要な教科	
授業時数：	1,190時間							
教科以外の領域：	道徳	特別活動						

1977（昭和52）年『学習指導要領』4次改訂								
必修：	国語	社会	数学	理科	音楽	美術	保健体育	技術・家庭
選択：	音楽	美術	保健体育	技術・家庭	外国語	その他特に必要な教科		
授業時数：	1,050時間							
教科以外の領域：	道徳	特別活動						

1989（平成元）年『学習指導要領』5次改訂								
必修：	国語	社会	数学	理科	音楽	美術	保健体育	技術・家庭
選択：	上記全教科	外国語	その他特に必要な教科					
授業時数：1,050時間								
教科以外の領域：	道徳	特別活動						

1998（平成10）年『学習指導要領』6次改訂（2003年一部改訂）									
必修：	国語	社会	数学	理科	音楽	美術	保健体育	技術・家庭	外国語
選択：	上記全教科	その他特に必要な教科							
授業時数：	980時間							
教科以外の領域：	道徳	特別活動	総合的な学習の時間						

2008（平成20）年『学習指導要領』（7次改訂，現行）									
必修：	国語	社会	数学	理科	音楽	美術	保健体育	技術・家庭	外国語
授業時数：	1,015時間								
選択：	置くことができるに（時間の枠外）								
教科以外の領域：	道徳	特別活動	総合的な学習の時間						

図5-1　中学校の教育課程における教科・領域構成の変遷

成20)年の授業時間は約30年ぶりに増加に転じることになった。

(2) 高等学校の教育課程編成の歴史

現在の高等学校も中学校と同様に1947(昭和22)年に制度化された。高等学校は中学校と異なり戦前のさまざまな学校(旧制中学,旧制高校,高等女学校,実業学校等,旧制中学在籍者は新制の高等学校に転籍した)を統合する形でつくられた。高等学校の教育課程は複雑で多様なシステムを一つの形にまとめるという困難が創設当初からあった。

戦前の多様な学校は,機会均等の理念を掲げ,単線型の学校体系の一部,「中学校に準じる」高等学校としてスタートした。希望者はみな入学できる「通学区制」,男女の別なく学ぶ「男女共学制」,普通科と職業科を統合する「総合制」の原則が掲げられた。

実際にはこれらの原則は実現しなかった。高等学校の進学率(図5-2を参照)は制度開始時の40%程度から,1954(昭和29)年に50%を,1965(昭和40)年には70%を,1974(昭和49)年には90%を超えるという急拡大した。そのため入学者選抜は厳しいものになった。普通教育と専門教育の両立を目指した総合制についても,総合高校は半数にも満たず,多くが普通課程のみ,職業課程のみの学校として分解した。さらに普通高校の内部でも,卒業後に大学へ進学することを想定した課程と卒業後に就職する課程に分けられ,職業学科についても農業・工業・商業・水産・被服といった内容によって分かれており,統一的な形を目指す理念と多様で複雑な現実の間には当初から乖離があった。

教育の中身についても同様にさまざまな課題があった。高等学校の教育課程の特徴として中学校の教育課程に比べて格段に複雑になっていることが挙げられる。教科・科目を例にとると,現状,普通学科で国語,地理歴史,公民,数学,理科,保健体育,芸術,外国語,家庭,情報の10教科,各教科のもとには学科があり,たとえば教科の国語のなかに国語総合,国語表現,現代文A,現代文B,古典A,古典Bと6つの科目がある。10教科全体では57の学科がある。専門学科では農業,工業,商業,水産,家庭,看護,情報,福祉,理数,体育,音楽,美術,英語の13の教科のなかに230もの学科が設けられている。最も多

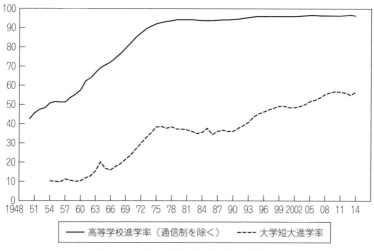

図5-2　高等学校・大学進学率の推移

い教科の工業では1教科で59もの科目がある。科目は分野のみならず，難易度別にも分かれており，中学校に比べると高等学校の教育課程はより分化が進んでいるといえる。

　こうした現状のもとで，弊害もみられるようになった。学校間の序列化や，入学をめぐる競争の過熱化の他，2006（平成18）年に，一部の学校で学校教育法施行規則に定められている世界史や情報などの科目の未履修が明るみに出たことなどは記憶に新しい。高等学校の教育課程は，目に見える多様なありかたから，制度の上で統一的な基準がつくられる一方で，現実が多様化し，よりとらえにくくなったといえる。

　高等学校の教育課程の特徴を，年代順にみてみよう。

① 新制高等学校の成立

　高等学校の教科課程は，1947（昭和22）年「学習指導要領」一般編第三章の補遺として「新制高等学校の教科課程に関する件（通達）」が出された。学習成果の計算のため，単位制度がとられ，卒業には85単位以上，進級には年間25単位，そのうち必修科目は38単位と選択の幅が広いものであった。

1951（昭和26）年に学習指導要領の改訂では，教科外の領域として特別教育活動が導入され，全体を「教育課程」と呼ぶことになった。またそれぞれの教科が複数の科目に分けられ，教科・科目の構成が複雑化した。さらに「青年に共通に必要とされる最低限度の教養を確保するために」として国語，社会，保健体育，数学，理科の単位を必修とし，合わせて38単位以上を学校種別や普通課程，職業課程の別を問わず必ず履修することとした。

② 基準性，選択制からの変化

1956（昭和31）年の改訂では小学校・中学校の改訂に先立って試案の文字が消え，学習指導要領の基準性が示された。また，生徒の教養の偏りを減らし，高校の運営，教育課程編成の便宜等の必要から「類型的に生徒の個性や進路の傾向を捕え，その必要をできる限り満たすように教育課程の類型」を設定するコースを編成することになった。これについては高校の種別化，進学にかかわる科目の偏重を懸念する批判があった。

1960（昭和35）年にも学習指導要領が改訂されることになった。4年という短い期間で指導要領が改訂されたのは小中学校の改定された学習指導要領の全面実施に合わせる必要が生じたからである。前回の改定の基準性の強化，コース制といった方針を推し進める形で行われた。必須の単位数は男子68単位，女子は70単位と増加し，普通科の第一学年は共通（定時制は第二学年まで）とし，道徳教育を重視する観点から「倫理・社会」が新設された。この他，教科外の領域として「学校行事等」が新たに設定された。

③ 高校教育の大衆化，「現代化」から「ゆとり」へ

1970（昭和45）年の学習指導要領の改訂は高度経済成長期の時期の改定である。国による期待される人間像，産業界からの人材要求，「教育内容の現代化」への対応，入学者選抜の過熱（高等学校進学率は1970年に80％を超え，1974年に進学率90％を超えるというように急激であった）など高等学校への要求がさまざまにあった。

1970年の学習指導要領の改訂では，普通科で，必修単位は従来17科目68単位

(女子は18科目70単位)であったものが11科目(女子は12科目)47単位へと大幅に削減され,弾力的な運用が可能になった。また前回改訂時の科目のA・Bの区分を減らし,「数学一般」「初級英語」「基礎理科」と基礎的な事項についての科目をおいた。また,教育内容の現代化を背景に,理科において「科学的に考察し処理する能力と態度」など高度な目標が掲げられ,授業内容が高度化した。

　この時期の指導要領の改訂の後,高等学校は進学率の上昇と相まって学校の序列化や進学先の振り分けなどによる不本意入学が問題になった。また生徒の間で理科嫌いや数学嫌い,「おちこぼれ」などが起きていることが問題視された。さらに校内暴力や非行の増加等が社会問題化し,「詰め込み教育」や受験戦争の激化が批判されることになった。

　1978(昭和53)年の学習指導要領の改訂は上記の課題に対処することを目指すものであった。基礎基本,小中校の一貫性を重視するという観点から,導入的な総合科目として「現代社会」「国語Ⅰ」「数学Ⅰ」「理科Ⅰ」などの必修科目が新設された。また,卒業単位85から80へ引き下げられ,習熟度別学級編成が学習指導要領に記されることになった。学習指導要領そのものも大幅な軽減が図られ,ページ数は高等学校の学習指導要領では438頁から158頁となり,記述も中核的なものに限られ,基準が大綱的になった(山口 1995:115)。

　1989(平成元)年の学習指導要領の改訂は,これに先だつ臨時教育審議会(1984～87年)で議論された,諸制度の弾力的運用,生涯学習体系への移行,個性重視,変化(国際化や情報化)への対応などを踏まえたものであった。

　高校の教育制度について大きな変更が加えられる契機となった。1988(昭和63)年に単位制高等学校が導入(定時制・通信制)され,翌1989(平成元)年には定時制・通信制の修業年限が4年から3年へと弾力化され,1993(平成5)年には単位制高等学校の全日制への拡大,学校間連携,学校外学修の単位認定の導入などが進められた。

　高等学校の教育課程については,家庭科が男女共修とされたこと,社会科が地理歴史科と公民科に解体され,科目「世界史」が必修とされたことがこの改訂の特徴として挙げられる。

1998(平成10)年の学習指導要領は，週5日制に対応し，新たに「総合的な学習の時間」を設けたことから，授業時間数をへらす必要が生じた。卒業単位74に引き下げ，すべての学科で必修31単位とした。また，情報(普通科・専門学科)，福祉(専門学科)に新設された。

　2008(平成20)年の学習指導要領の改訂では2006(平成18)年の教育基本法の改正などを踏まえ，知識技能の修得と思考・判断・表現力のバランスを重視することが目指された。「はどめ規定」(詳細な事項は扱わないなどの上限規定)を原則削除し，卒業要件の単位数は従来通り74単位であるが，週あたりの授業時数は標準の時間を越えてできることが明確化された。理数教育の充実として「数学活用」「理科課題研究」や「科学と人間生活」が新設された。また外国語単語数を500語増やし，中学校と合わせて2,200から3,000語に増加，「授業は英語で指導」とされた。

3　中等教育の教育課程の文化と制度

　以上，学習指導要領の記述を中心にみてきたが，授業以外の課題にも目を向ける必要がある。中学校と高等学校のいずれも部活動をはじめとする課外活動は生徒も教師，学校も多くの時間と労力を投入している。

　また，学校の移行のための選抜，受験も大きな位置を占める。受験，受験科目になるかどうか，国語，数学，英語，理科，社会などを「主要教科」とし，美術，技術，体育などを「周辺教科」(小松 2012)や「実技教科」とする区別はなんら法的な根拠がないまま流布しているものである。つまり，学校の外部の文化や制度が教育内容に影響を及ぼしているのである。

(1) 部活動の教育課程における位置づけ

　現行の学習指導要領の総則において「スポーツや文化及び科学等に親しませ，学習意欲の向上や責任感，連帯感の涵養等に資するものであり，学校教育の一環として，教育課程との関連が図られるよう留意すること」が新たに明記されることになった。これは，従来記述がなかったことに比べ，大きな変化である。

また,「学習指導要領解説　保健体育編」において「運動部の活動は,学校において計画する教育活動である」とされている。

この他,クラブ活動については,1958年の学習指導要領から,特別教育活動の一部とされ,中学校では1972年,高等学校では1973年改訂の学習指導要領においてクラブ活動が特別活動の一領域として必修とされた(必修クラブ)。その後部活動への参加によって代替できることが示され,2002年(中学校)2003年(高等学校)の学習指導要領で必修のクラブ活動は廃止された。

(2) 接続関係の見直し

学校種が変わる時期は問題が顕在化しやすい。小学校入学時の学校不適応を小1プロブレム,小学校から中学校への移行の課題を中1ギャップ,中学校から高等学校への移行時の課題は高1クライシスと呼ばれている。中等教育は前期と後期の3年で区切られている上に,移行において選抜試験が課されることが大きな特徴である。さらには心身に大きな変化をきたす時期であることから生徒にとっても試練が多い。

こうした課題を解決するために,学校間の接続関係の見直しが注目されてきた。学校間の接続についてのこれまでの議論の経過をみよう。

中等教育6年間の連携を図り,一貫した学校を整備することについては古くから議論されてきた。すでに1971(昭和46)年の中央教育審議会の答申において,学校間の接続の問題は幅ひろく議論され,一貫教育の選択的な導入が提言されている。

その後,1985(昭和60)年の臨時教育審議会の1次答申でも,学歴社会の弊害の是正や単位制高等学校の設置とともに六年制中等学校の創設が提言された。またこれらの学校の類型として,芸術や体育や外国語などの専門教育,理数科や情報の教育,普通教育と専門教育の統合などが示された。

1997(平成9)年,中央教育審議会の二次答申「21世紀を展望した我が国の教育のあり方について」において,既存の制度を残しつつ,「一人一人の能力・適性に応じた教育を進めるため,学校教育における教育内容・方法のみならず,学校間の接続を改善し,教育制度の面で多様かつ柔軟な対応」のため,

選択制の一貫教育の導入が提言された。学習指導要領や設置形態の枠組みを超えることについて次のような利点が強調された。

(a)高等学校入学者選抜の影響を受けずにゆとりのある安定的な学校生活が送れること，(b)6年間の計画的・継続的な教育指導が展開でき効果的な一貫した教育が可能となること，(c)6年間にわたり生徒を継続的に把握することにより生徒の個性を伸長したり，優れた才能の発見がよりできること，(d)中学1年生から高校3年生までの異年齢集団による活動が行えることにより，社会性や豊かな人間性をより育成できるとした。また懸念される点として，(a)受験競争の低年齢化につながるおそれがあること，(b)受験準備に偏した教育，(c)小学校の卒業段階での進路選択は困難，(d)心身発達の差異の大きい生徒を対象とするため学校運営に困難が生じる場合があること，(e)生徒集団が長期間同一メンバーで固定されることにより学習環境になじめない生徒が生じるおそれがあること，などが挙げられた。

中高一貫教育を行う学校の制度化は，1998（平成10）年の国会で受験エリート校化させず，学力検査を禁止するといった附帯決議つきで採択され，1999（平成11）年から選択的な導入が開始された。2015（平成27）年，現在では中高一貫教育を行う学校は678校である。なお，日本全体の中学校，高等学校の数はそれぞれ1万484校，4,939校である。また，私立学校で中学校から高等学校へ進学する際に選抜試験を行わない学校で中高一貫とみなされている学校のなかにはこの数字に含まれない学校がある点には注意を要する。

中高一貫教育の学校は，教育課程上の特例が認められている。「学校設定教科」・「学校設定科目」で卒業に必要な単位数に含めるものが増枠（一般校20に対し，一貫校36単位）されている。また，併設型，中等教育学校では，高校の内容を中学校で扱ったり，中学の内容を高校で扱うというように学校種間で内容を入れ替えたり，移行させることができる。一方，受験エリート化は中高一貫校創設時より危惧されたことであり，先取り学習以外の特色を打ち出していくためにはカリキュラム開発上の工夫が求められている。

小中一貫・連携については，研究開発校の制度などによりすでに多くの事例の蓄積があるが，新たに2016年度，義務教育学校としてスタートすることにな

表5-1 中高一貫教育を行う学校数（設置形態別）

	併設型	連携型	中等教育学校 (同一の学校)
国　立	1	1	4
公　立	83	168	31
私　立	374	3	17
計	458	168	52

出所:「平成27年度学校基本調査」による。

っている。中央教育審議会の答申「子供の発達や学習者の意欲・能力等に応じた柔軟かつ効果的な教育システムの構築について」に基づいて，小中一貫・連携の教育課程についてみてみよう。

　答申は小中一貫・連携の取り組みの背景として，(1)教育基本法，学校教育法の改正による義務教育の目的・目標規定の新設，(2)近年の教育内容の量的・質的充実への対応，(3)児童・生徒の発達の早期化等に関わる現象，(4)中学校進学時の不登校，いじめ等の急増など，「中1ギャップ」への対応，(5)地域コミュニティの核として学校の社会性育成機能の強化の必要性の5点を挙げている。

　小学校と中学校の間は，義務教育として教育基本法で共通の目的が掲げられている一方で，同じ中等教育に区分される中学校・高等学校の接続以上に相違点が多い。同答申でも主な小・中学校段階間の差異として，授業形態の違い，② 指導方法の違い，③ 評価方法の違い，④ 生徒指導の手法の違い，⑤ 部活動の有無などが大きな段差があることが指摘されている。

　こうした課題に対して，教育課程の面では，(1)9年間の連続性を確保，横断的な学習内容や授業スタイルの緩やかな統一，学力調査や評価の合同，(2)学年段階の区切りを6−3以外の3段階や2段階で設定，(3)教育課程の特例によって独自教科や指導内容の前倒し，小・中学校の教職員の協同によるカリキュラム開発などによって対処することが期待されている。

　小中一貫教育は，児童・生徒の人間関係の固定化や転出入への対応，小学校高学年のリーダーシップ，中学校の生徒指導上の問題の小学生への影響等の懸念される点はあるが，2014（平成26）年時点で，211の市町村（全市町村の12％）が小中一貫教育を実施し，小中連携を含めるとその数は1,358（全体の

88％）にものぼる。義務教育学校の法制化によって，今後さらに導入が進んでいくことで中等教育の教育課程の位置づけや学校の接続関係に大きな変化をもたらすことが予想される。

4　中等教育制度の政策の動向

　以上みてきたように，中等教育の教育課程は，学習指導要領の改訂のほか，制度変更によって変化している。臨時教育審議会の答申以降，中等教育の制度には多くの変更が加えられてきた。このうち主なものを表5-2に示した。

　中等教育の教育課程にかかわる制度は，学年の区分を設けない単位制や，学校種間の指導内容の移行，一貫教育の制度の選択的導入など著しく多様化してきた。

　また，この他にも構造改革特別区域の制度を用いた研究開発学校が創設されるようになった。これ以外にも特に高等学校では，スーパーサイエンスハイスクール（2002年〜），学力向上フロンティア・ハイスクール事業（2003〜2006年），スーパーイングリッシュランゲージハイスクール（2002〜2009年），スーパーグローバルハイスクール（2014年〜）など，学習指導要領によらない教育課程編成を可能にする新しいタイプの研究開発校の制度が創設された。これらは公募型で学校間の競争を促し，学校の特色を打ち出す制度としても機能している。

　制度の多様化は発展的な学習だけでなく，広域通信制の学校などが不登校の生徒の受け皿として整備されたこともある。こうした学校をセーフティーネットの広がりととらえることができるが，一方で，不登校経験者の進路やその後の職業選択が制約を受けており，不登校経験者のコース「不登校トラック」が隘路のように形成されているという指摘（山田 2010）もある。

　学校の多様化が進むことで生徒の学びの道筋を選択する機会も増え，生徒や保護者への情報提供が重要になる。

　最後に，近年の中教審の答申などで，中等教育の教育課程についての課題を見てみよう。2011（平成23）年，文部科学省の中央教育審議会初等教育分科会に高等学校教育部会が新たに設けられ，2014（平成26）年に審議がまとめられ

表5-2 臨教審以降の中等教育にかかわる制度改革

年	内容
1988（昭和63）年	単位制高等学校（学年による教育課程の区別を設けない学校）の導入（定時制・通信制）
1989（平成元）年	定時制・通信制高校の修業年限の弾力化（4年以上→3年以上）
1993（平成5）年	単位制高等学校の全日制への拡大高校の学校間連携，学校外学修の単位認定の導入
1994（平成6）年	総合学科（普通教育・専門教育の選択履修を総合的に行う学科）の導入
1998（平成10）年	高校の学校外学修の単位認定対象範囲の拡大
1999（平成11）年	中高一貫教育制度の導入
2005（平成17）年	学校外学修等の認定可能単位数の拡大（20→36単位）
2010（平成22）年	外国の高等学校における履修に関する認定可能単位数の拡大（30単位→36単位）
2016（平成28）年	小中一貫教育制度の導入

た。この部会の検討の背景はまさに「共通性の確保」と「多様性への対応」であった。多様化の一方で，どのように教育の核になるものを担保していくか大きな課題であることが確認できる。

2015（平成27）年，中央教育審議会答申「これからの学校教育を担う教員の資質能力の向上について ～学び合い，高め合う教員育成コミュニティの構築に向けて～」では，中・高免許状所持者が小学校において活動できる範囲の拡大措置をとることやインクルーシブ教育の推進が提言されている。小中連携・一貫，中高連携・一貫教育が進展することで，教員は自分の勤務する学校種を超えた連携が求められる場面が増えることが予想される。また，学校種を問わず特別支援教育の知識が重要になっている。

教職を志す学生は，学校種の接続関係がより複雑化する傾向にあることを踏まえ，自分が希望する校種だけでなく，隣接する校種との関連，系統性や教育制度全体に注意を向けておく必要がある。

参考文献

清水一彦監修，藤田晃之・高校教育研究会編著（2008）『講座　日本の高校教育』学事出版.

菱村幸彦（1995）『教育行政からみた戦後高校教育史』学事出版.

山口満（1995）『教育課程の変遷からみた戦後高校教育史』学事出版.
長尾十三二ほか（1968）『中等教育原理（新版）』有斐閣.
小松佳代子・西島央・上野裕一・有賀康二・赤堀博美・工藤和美（2012）『周辺教科の逆襲』叢文社.
文部科学省初等中等局（2015）「小中一貫教育等についての実態調査の結果」
山田哲也（2010）「学校に行くことの意味を問い直す」若槻健・西田芳正編『教育社会学への招待』大阪大学出版会，77-95.

（佐野秀行）

第6章
教育課程の法と行政

「教育課程」は，法律・行政用語であり，広く教育計画を指す「カリキュラム」とは異なる概念である。学校教育法第1条で定められた学校や専修学校，その他法規上に規定がある教育機関において作成される組織化・体系化された教育計画全体のことであり，法規上の基準に適合していることが求められるものである。

特に学校教育法第1条で定められた学校においては，教育内容や授業時数など教育課程に関連するさまざまな事項に関して法規による規制を強く受ける。このような規制を設ける必要があるのは，日本国憲法第26条および第14条第1項に明示された「国民の教育を受ける権利」と「教育の機会均等」を保障するためである。各学校は，法規を遵守しつつ，児童・生徒や地域の実情に応じた教育課程の編成と実施を行わなければならない。

本章では，教育行政から見た教育課程をテーマとして，初等中等教育における教育課程に関する法規の体系とその主な内容を確認するとともに，学校における教育課程の管理運営の実際を概観する。

1　教育課程に関する法体系

　小学校（中学校，高等学校）学習指導要領解説総則編では，「学校において編成する教育課程とは，学校教育の目的や目標を達成するために，教育の内容を児童の心身の発達に応じ，授業時数との関連において総合的に組織した学校の教育計画である」と述べられている。この解説の意味するところを，法規の面から確認しよう。

　学校においては，教育基本法や学校教育法で定められた教育の目的や目標に則して学校ごとの教育目標が設定され，これらの目的や目標を達成するために，教育の内容を学年に応じて配分し授業時数と関連付けながら教育課程を編成し，教育活動を実施する。

　図6-1は教育課程の編成・実施に関連するさまざまな要素について整理したものである。この図に示されている教育課程編成に関わる各要素に対して法規による規定が存在し，さらに教育課程全体の管理運営についても規定が設けられている。

　ここでは図6-1に示した教育課程に関連する法規のいくつかを，以下の5つのカテゴリーに分けてみていこう。

　① 教育／学校教育の目的・目標に関するもの
　② 教育内容に関するもの
　③ 授業時数に関するもの
　④ 教材に関するもの
　⑤ 教育課程の管理に関するもの

（1）教育の目的，目標に関する法規

　学校にはそれぞれの学校種に応じた教育の目標が，学校教育法において定められている。これらの目標は，教育基本法第1条「教育の目的」，第2条「教育の目標」，第5条「義務教育」で定められた内容を前提としている。

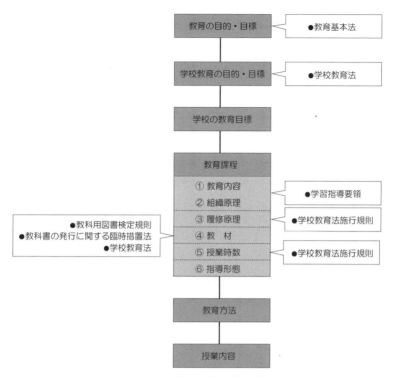

図 6-1　教育課程の構成要素と関係法規

出所：安彦（2006：29）を参考に作成。

【教育基本法　第1条】（教育の目的）
　教育は，人格の完成を目指し，平和で民主的な国家及び社会の形成者として必要な資質を備えた心身ともに健康な国民の育成を期して行われなければならない。

　教育基本法第1条では，国民一人ひとりが自己の能力を伸ばし自己実現を達成することを表す「人格の完成」と，国家体制維持のための「国民の育成」が教育の目的として掲げられている。

　そして，これらの目的を効果的に実現するために，「国民として必要な資質」を具体化した教育の目標が第2条に示されている。2006年12月の改正で，教育の基本的理念として従来の「個人の尊厳」に「公共の精神」が加えられたこと，

表6-1 学校教育の目的

	小学校	中学校	義務教育学校	高等学校	中等教育学校
考慮すること	・心身の発達	・心身の発達	・心身の発達	・心身の発達 ・進路	・心身の発達 ・進路
内容	・義務教育として行われる普通教育のうち基礎的なもの	・義務教育として行われる普通教育	・義務教育として行われる普通教育 ⇨基礎的なものから一貫して施す	・高度な普通教育 ・専門教育	・義務教育として行われる普通教育 ・高度な普通教育 ・専門教育 ・一貫して施す

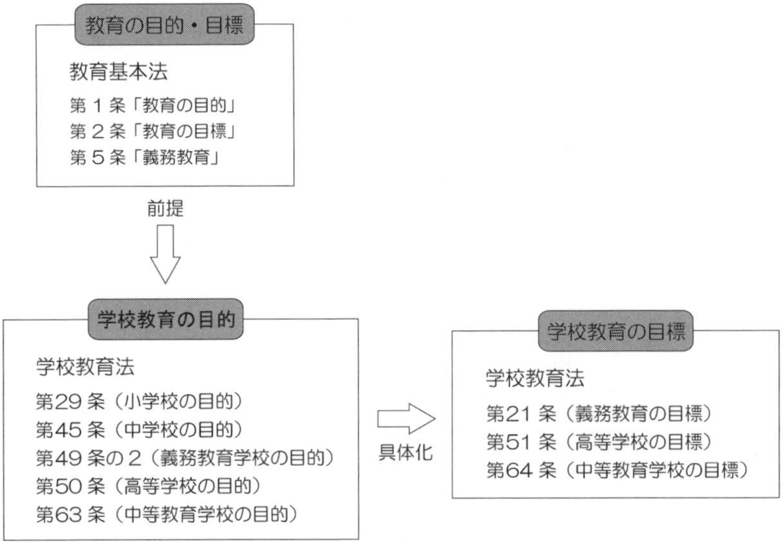

【教育の目的・目標】
教育基本法
第1条「教育の目的」
第2条「教育の目標」
第5条「義務教育」

↓前提

【学校教育の目的】
学校教育法
第29条（小学校の目的）
第45条（中学校の目的）
第49条の2（義務教育学校の目的）
第50条（高等学校の目的）
第63条（中等教育学校の目的）

→具体化

【学校教育の目標】
学校教育法
第21条（義務教育の目標）
第51条（高等学校の目標）
第64条（中等教育学校の目標）

図6-2 教育／学校教育の目的・目標

地球温暖化・砂漠化などの地球環境変化への対応，グローバル化にともなう国内外への視点という現代的観点からの目標が掲げられている点に注目したい。

第5条では，義務教育の目的を社会において自立的に生きる基礎の確立と国民としての基本的資質の育成とし，その内容を普通教育と定めている。普通教育とは，国民として生活するために必要な最低限の共通知識・技能の習得を目的とした教育であり，専門教育や職業教育と異なり，特定の専門的学問分野に

偏らない普遍性を特徴としている。

　以上に基づき，各学校種の教育の目的は，それぞれの発達段階を考慮して，学校教育法第29，45，49条の2，50，63条において定められており，これをまとめると，表6-1のとおりとなる。年齢や発達段階により目的が変化していることに注意しよう。特に，後期中等教育では，教育基本法第2条第2項に関連した「キャリア形成」の視点が付け加えられていることを指摘しておく。

　これらの教育目的を受けて，第21，51，64条で，さらにそれぞれの学校種・学校段階の教育の目標が具体化されている（図6-2）。具体化された目標は，教科や領域の設定，教育内容の範囲・深度の設定に反映されている。

　各学校においては，以上のような国レベルでの規定を基盤として，各教育委員会が設定した地方公共団体ごとの教育目標や教育方針に従い，さらに自校の児童・生徒の実態や地域の実情を考慮して，学校の教育目標を設定する。

（2）教育内容に関する法規

　各学校では，教育基本法および学校教育法で定められた教育の目的・目標および学校ごとの教育目標を達成するために教育課程を編成するが，編成にあたっては編成の基準に従うこととされている。

　編成基準には国レベルの基準と，国の基準に基づいて作られた地方レベルの基準があり，その両者に従って編成を行う。たとえば東京都では，東京都教育委員会規則『東京都立学校の管理運営に関する規則』において，以下のように定められている。

【東京都立学校の管理運営に関する規則　第14条】（教育課程編成の基準）
　学校が，教育課程を編成するに当たっては，学習指導要領及び委員会が別に定める基準による。

　国レベルの教育課程編成の基準については，学校教育法第33，48，49条の7，52条により文部科学大臣が定めることとされている。

> 【学校教育法　第33条】
> 　小学校の教育課程に関する事項は，第29条及び第30条の規定に従い，文部科学大臣が定める。

　ここでいう「教育課程に関する事項」とは，①教育課程の構成，②内容の基準，③標準授業時数を指している。「文部科学大臣が定める」とされていることから，基準の詳細は，文部科学省令である「学校教育法施行規則」もしくは文部科学省の発する規則によって規定されていることがわかる。

① 教育課程の構成

　教育課程の構成（どのような教科，領域から成るか）については，学校教育法施行規則第50条（小学校），第72条（中学校），第83条（高等学校）で定められている。

　中等教育学校のみに特有の規定はなく，前期課程では中学校，後期課程では高等学校に準じた扱いとすることが学校教育法施行規則第108条で定められている。

　教育課程を構成する「各教科」，「道徳」（小学校，中学校のみ），「外国語活動」（小学校のみ），「総合的な学習の時間」，「特別活動」は，正規の授業時間を使って行われる教育活動であり，部活動等授業時間以外に行われる教育活動は「課外活動」（教育課程外活動）と呼ばれる（表6-2）。

② 教育内容の基準
【学習指導要領】　具体的な教育課程の内容については，学習指導要領でその基準が定められている。

> 【学校教育法　第52条】
> 　小学校の教育課程については，この節に定めるもののほか，教育課程の基準として文部科学大臣が別に公示する小学校学習指導要領によるものとする。

　学習指導要領は，文部科学大臣が「告示」という形式で発するもので，法規

表6-2 教育課程の構成

	小学校 （第50条）	中学校 （第72条）	義務教育学校 （第79条の6）	高等学校 （第83条）	中等教育学校
教育課程の構成	・各教科 ・特別の教科である道徳 ・外国語活動 ・総合的な学習の時間 ・特別活動	・各教科 ・特別の教科である道徳 ・総合的な学習の時間 ・特別活動	【前期課程】小学校に準ずる	・各教科に属する科目 ・総合的な学習の時間 ・特別活動	【前期課程】中学校に準ずる
			【後期課程】中学校に準ずる		【後期課程】高等学校に準ずる

としての性格を有しており，学校教育法施行規則と同程度の法的拘束力があるとされている。

以前は，学習指導要領に記載された内容の取扱いについて「はどめ規定」と呼ばれる制限があった。「〜は取り扱わないものとする」「〜にとどめるものとする」「〜のみを扱うこと」といった表現で指導内容を限定していたのである。これは，「教育の機会均等」を実現するため，地域や学校による格差をなくし，日本全国どこに住んでいても一定水準の教育を受けられなければならないという法的要請と，落ちこぼれを生むことなくすべての児童・生徒が最低限度の基礎学力を身に付けるべきであるという教育学的要請に基づくものであった。

しかし，2002年の一部改正で学習指導要領の最低基準性が確認され，はどめ規定が撤廃された。さらに2007年度の改訂では，学習指導要領の表現が一新され，教育課程編成および実施に関する各学校の責任と現場主義の重視が明らかにされた。すなわち，学習指導要領に示された基準は，すべての児童・生徒に対して指導する内容の範囲や程度に関するもの（ナショナル・ミニマム）であり，学校において特に必要がある場合には，児童・生徒の実態を踏まえた上で，学習指導要領に示していない内容を加えて発展的な指導をするなど，これらの事項にかかわらず指導することも可能となったのである。

【地方の基準】　前掲の東京都の例とさらに大阪市の例をみてみよう（波線は引用者が付したもの）。

【東京都立学校の管理運営に関する規則　第14条】（教育課程編成の基準）
　学校が，教育課程を編成するに当たつては，学習指導要領及び委員会が別に定める

基準による。

【大阪市立学校管理規則　第3条】（教育課程の編成）
　校長は，毎年，学習指導要領（幼稚園にあつては幼稚園教育要領）及び教育委員会が定める基準により，翌学年の教育課程を編成しなければならない。ただし，高等学校，特別支援学校並びに小学校及び中学校の特別支援学級の教育課程については，校長は，教育委員会の承認を受けなければならない。

　このように，各学校で教育課程を編成する際には，教育課程の内容についての全国基準である学習指導要領に加えて，教育委員会が定める基準（地方基準）に則ることとされている。委員会が別に定める基準とは，地方の教育委員会が教育課程編成に関する基準や手引き，あるいは要領として定めたものであり，各学校が教育課程を編成する際のよりどころ，指導計画を作成するための資料としての役割を果たしている。

（3）授業時数に関する法規

　授業時数に関しては，学校教育法施行規則で表6-3，6-4のように年間標準授業時数が定められている。

　年間授業週数については，35週（小学校第1学年については34週）以上にわたって行うよう計画するものと規定されているが，夏季・冬季・学年末等の休業日の期間に授業日を設定したり，各教科等の授業を特定の期間に集中的に行ったりするなど，地域や学校および児童・生徒の実態，各教科等や学習活動の特質等に応じて，創意工夫を生かした時間割を弾力的に編成することができる。

　年間授業時数の取り扱いについては，以下のことにも注意が必要である。
○授業時数は標準授業時数を表すものであり，これを上回った授業時数で指導することも可能である。また，不測の事態により下回った場合でも，下回ったことのみをもって法規に反するものとされない。
○特別活動の授業時数（35時間）は，学級活動に充てるものとされており，学校行事，児童会・生徒会活動，クラブ活動の授業時数は定められていない。これらについては，教育課程全体のバランスを図りながら，年間，学期ごと，月ごとなどに適切に授業時数を配当することになっている。

第6章 教育課程の法と行政

表6-3 小学校における標準授業時数

区　　分		第1学年	第2学年	第3学年	第4学年	第5学年	第6学年
各教科の授業時数	国　語	306	315	245	245	175	175
	社　会			70	90	100	105
	算　数	136	175	175	175	175	175
	理　科			90	105	105	105
	生　活	102	105				
	音　楽	68	70	60	60	50	50
	図画工作	68	70	60	60	50	50
	家　庭					60	55
	体　育	102	105	105	105	90	90
特別の教科である道徳の授業時数		34	35	35	35	35	35
外国語活動の授業時数						35	35
総合的な学習の時間の授業時数				70	70	70	70
特別活動の授業時数		34	35	35	35	35	35
総授業時数		850	910	945	980	980	980

表6-4 中学校における標準授業時数

区　　分		第1学年	第2学年	第3学年
各教科の授業時数	国　語	140	140	105
	社　会	105	105	140
	数　学	140	105	140
	理　科	105	140	140
	音　楽	45	35	35
	美　術	45	35	35
	保健体育	105	105	105
	技術・家庭	70	70	35
	外国語	140	140	140
特別の教科である道徳の授業時数		35	35	35
総合的な学習の時間の授業時数		50	70	70
特別活動の授業時数		35	35	35
総授業時数		1015	1015	1015

○総合的な学習の時間に実施する自然体験活動，職場体験活動・ボランティア活動等の社会体験活動といった体験活動は，旅行・集団宿泊的行事や勤労・奉仕的活動等の特別活動と同様の効果を期待できることから，このような場合には，総合的な学習の時間における学習活動を，学校行事の実施の代替とすることができる。

　学校教育法施行規則で定められた標準授業時数は，あくまでも標準であり，学習指導要領の内容を指導するのに要する時間である。実際に授業時数を決定するのは教育課程を編成する各学校であり，学習指導要領のねらいが十分に達成されていないと判断される場合には，指導方法・指導体制の工夫や改善を行うことはもちろんのこと，標準を上回る指導時間を確保するなどの対応が図られる必要がある。

　標準授業時数の1単位時間は，学校教育法施行規則の別表において，小学校で45分，中学校・高等学校で50分と決められているが，その運用は，年間授業時数を確保することを前提に，各学校に委ねられている。

　授業時数を確保し，基礎学力を向上させるのに有効な方法として近年注目を集めているのが，「モジュール学習」という考え方である。これは，10分，15分など1単位時間をさらに短く区切った時間（モジュール）に分けて行う学習形態であり，たとえば小学校において1モジュール=15分とすると，3モジュールで1単位時間の授業を行ったものと見なす。全9時間の単元であれば27モジュールと考えて，4モジュール60分の授業や2モジュール30分の授業，1モジュール15分の反復練習というように，モジュールを単位として学習時間を区切るのである。これにより，教科や学習内容の特質に応じて，45分の枠にとらわれない弾力的な学習時間の運用が可能となる。

（4）教材に関する法規

　教材とは，教育の目標を達成するために用いられる素材のことである。教育目標はそのままでは教えることができないため，学習の対象として実体化された内容が必要である。こうして選択され組織し直された文化財が「教材」である。厳密には，文化財を教える際に児童・生徒の理解を助け教育効果を高める

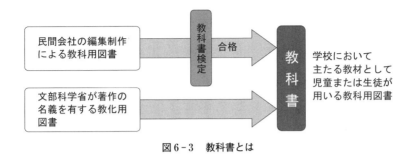

図6-3 教科書とは

ための道具である「教具」とは区別されるが，ここでは両者を区別せず，教育指導のために必要な設備・器械器具および図書をまとめて「教材」と考える。

① 教科書に関する法規
【教科書検定】 授業で用いられる中心的な図書教材を教科書という。教科書についての定義は「教科書の発行に関する臨時措置法」で定められている。

> 【教科書の発行に関する臨時措置法 第2条第1項】
> この法律において「教科書」とは，小学校，中学校，高等学校，中等教育学校及びこれらに準ずる学校において，教科課程の構成に応じて組織排列された教科の主たる教材として，教授の用に供せられる児童又は生徒用図書であつて，文部科学大臣の検定を経たもの又は文部科学省が著作の名義を有するものをいう。

 この法律によれば，どんな図書でも「教科書」と呼ばれるわけではない。文部科学大臣の検定＝教科書検定に合格しているもの，文部科学省が著作の名義を有するもののみが「教科書」と呼ばれ，学校で使用される資格を有する。
 教科書検定とは，民間で著作・編集された「教科用図書」について，文部科学大臣が学校で用いることが適切か否かを審査し，これに合格したものを「教科書」として使用することを認めることである（図6-3参照）。
 教科書検定は，教育を受ける権利の実質的な保障と全国的な教育水準の維持向上を目的として，教育の機会均等の保障，適正な教育内容の維持，教育の中立性の確保を図るためには適正・適切な教科書が必要であるとの認識から設け

られた制度である。

【教科書使用義務】　学校においては，すべての児童・生徒は教科書を使用しなければならないとされている。これを教科書使用義務という。

　しかし，教科書はあくまでも教育の目標を達成するために用いられる素材であり，教科書のみに基づいて授業を進めることを定めているわけではない。教科書の教え方や補助教材の使用等については教育方法の自由に委ねられており，教員の工夫の余地が大いにある。すなわち，教科書を教えるのではなく，教科書を用いて「児童・生徒が習得すべき力の育成」＝「教育目標の達成」を図るのである。

【教科書の採択】　さまざまな民間の出版会社によって多くの種類の教科書が編修・制作されている。どの教科書を使用するかを決めることを教科書の「採択」という。採択の権限は，公立学校では学校の設置者である市町村もしくは都道府県の教育委員会，国・私立学校では校長に属する。ただし，公立学校の場合，採択にあたっては，都道府県教育委員会が自然的・経済的・文化的条件を考慮して採択地区を定めており，採択地区内の市町村が共同して種目ごとに同一の教科書を採択する共同採択の仕組みが取られている。採択地区内の市町村は，共同採択を行うために教員や保護者等から構成される採択地区協議会を設置し，採択に関する共同調査・研究を行っている。

【補助教材】　補助教材（副教材）とは，副読本，学習帳，練習帳，日記帳などの教科書以外の教材のことであり，学校教育法でその使用が認められている。

【学校教育法　第34条第2項】
　前項の教科用図書以外の図書その他の教材で，有益適切なものは，これを使用することができる。

　教科書とは異なり，補助教材は児童・生徒の興味・関心や教育上の効果を勘案して教員自身が選択できるものであるが，有償であるため，特に保護者の経済的負担を考慮して必要最低限度に限って使用することが求められる。また，使用に際しては教育委員会への届出あるいは承認が必要である。日常の教室で配布使用される教材（いわゆる投げ込み教材や1回限りのプリント類）につい

ては届出の必要はない。

　補助教材の使用に関して近年問題になっているのが，著作権の侵害である。著作権法では，教育を担任する者および授業を受ける者に関する例外規定を設けており，一定の条件を満たせばコピーを授業に用いることが可能である。しかし，ドリルの大量コピーやパソコンソフトのコピーなど，著作権者の利益を不当に侵害すると考えられる行為は著作権法違反となるので注意が必要である。＊

　　＊詳細については文化庁長官官房著作権課『学校における教育活動と著作権』
　　（http://www.bunka.go.jp/chosakuken/hakase/pdf/gakkou_chosakuken.pdf　最終
　　閲覧日2015年4月20日）を参照。

【その他の教材】　授業内で使用される掛図や標本，楽器，跳び箱などの教材は，学習理解を助け教育効果を高める上で非常に重要な役割を果たしている。したがって，各学校における教材の整備・充実は教育課程実施の質を確保するために不可欠である。

　各学校において必要な教材教具を整備し，改善・補充を行うことが，学校設置基準で定められている。

（5）教育課程の管理に関する法規

① 教育委員会による教育課程の管理に関する法規

　地方教育行政の組織及び運営に関する法律第23，33条において，教育委員会は，学校の教育課程に関する事務を管理・執行すること，またそのために必要な教育委員会規則を定めることができることが定められている。

② 教育課程の届出

　教育課程は通常，所管の教育委員会に届け出ることになっている。届出の内容や期限，分量は教育委員会により異なるが，各学校においては，学年・学級や分掌ごとに教育計画や指導計画を作成し，全教員が協力しながら教育課程を編成し，これらをまとめたものを教育委員会に届け出る。

【東京都立学校の管理運営に関する規則　第15条】（教育課程の届出）
　校長は，翌年度において実施する教育課程について，次の事項を毎年3月末日までに，委員会に届け出なければならない。
　一　教育の目標
　二　指導の重点
　三　学年別各教科・科目及び各教科以外の教育活動の時間配当
　四　年間行事計画

2　学校における教育課程の管理・運営の実際

(1) 教育課程の管理・運営

　教育課程の管理・運営とは，学校における具体的な教育指導，学習活動が，法規に照らして適切かつ効果的に行われるように諸条件を整備し運営することをいう。学校経営の中核をなす重要な部分であり，特に厳正・的確な取り扱いが求められる。

　教育課程の管理・運営を学校経営の観点から見ると，単に法規上の要請としての教育の計画ではなく，その効果的実施と継続的な改善までも含んだダイナミックなプロセスであるといえる。必要な資源の調達や活用，条件・環境の整備を行いつつ，この一連のプロセスを計画的・組織的に推進することをカリキュラム・マネジメントという。

　教育課程の管理・運営を学校のマネジメント・サイクルに沿ってとらえなおすと，教育課程の編成段階としての計画管理（Plan），計画が予定通りに進行しているかどうかをチェックする実施管理（進行管理）（Do），目標の達成度を評価し改善を図る評価管理（目標管理）（Check, Action）の3段階に分けられる。

　管理の対象となる内容の面からは，授業時数の管理としての量的管理，指導計画の工夫，週案や実施記録の点検管理，授業や学級経営の改善としての質的管理に分けられる。

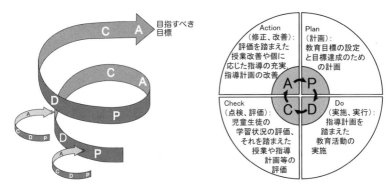

図6-4　PDCAサイクル

（2）学校経営の観点からの教育課程の管理・運営

　学校における教育活動は，以下のような循環的学校運営サイクルの繰り返しによって行われる。PDCAサイクルと呼ばれるこのマネジメント手法は，サイクルをスパイラル・アップさせることによって教育の質を継続的に改善していくことを目指している（図6-4）。

　PDCAサイクルは，年を単位とした長期的なものから，学期や月を単位とした中・短期的なもの，また行事ごとのもの，日や1単位時間を単位として行う日常的なものまで，複数の階層から成っている。このようなサイクルに沿って，幾層もの管理・運営プロセスが有機的に結合することによって，学校における教育課程はその機能をよりよく果たすのである。

　ここでは，学校経営の観点から，マネジメント・サイクルに沿って，実際に学校で行われている教育課程の管理・運営の具体的な内容をみていこう。

① 計画管理：Plan（計画）

　教育課程の編成主体である各学校においては，学年・学級や分掌ごとに教育計画や指導計画を作成し，全教員が協力しながら学校全体の教育課程を練り上げていく。

　計画管理は，学校目標の重点化を図るとともに，役割分担を明確にし，具体的な教育計画を作成するのがその主な内容である。各教科等の学習活動の目標

や内容，評価規準や評価方法等，評価の計画も含めた指導計画や指導案の作成などがこれにあたる。

　まずは，学年配置，校務分掌といった教員の組織編制を行い，各学年・学級，各分掌の目標を設定して活動内容を明確にする。次に，各学年・学級，各分掌で，国レベル・地方レベルの教育課程編成の基準や方針，校長の学校経営方針等に基づいて教育計画を作成する。

　学校行事の日程，授業実施日と授業実施時数，余剰時数，教科にカウントする学校行事なども確認しておくことが必要である。

　道徳教育，特別活動，生徒指導，食に関する指導等については，全学年を見通した全体計画と各学年または学級の年間指導計画を作成する。

　指導計画は，学年・学級ごと，あるいは教科ごとに，目標，内容，順序，方法，使用教材，時間配当等を定めた具体的な計画であり，年間指導計画や2年間にわたる長期の指導計画，学期ごとの計画，月ごとの計画（月案），週ごとの計画（週案），単位時間ごとの計画（学習指導案，日案），単元ごとの計画（単元指導計画）などがある。

② 実施（進行）管理：Do（実施，実行）

　学年・学級，分掌，教科ごとの教育活動の実施について，実施状況を記録し，整理・点検を行うのが実施管理である。

　週ごとの計画を記入する週案簿には週の指導計画だけでなく，毎日の実施記録や評価・反省も記入する。これにより，指導計画の進捗状況や実施授業時数が把握でき，計画とのずれの修正や計画の加除，授業改善に活用することができる。週案簿は，教育課程の実施状況把握にとって欠かせないものであり，多くの学校で毎週の提出と教務主任や管理職による点検が行われている。

　実施管理においては，上記のような量的管理に加えて，質的な管理が重要となる。教育課程の実施にあたっては，計画に沿って教育指導を実施することを基本として，実際の児童・生徒の状況や実態に応じて指導内容や指導方法を工夫することが必要である。教務主任や管理職は，週案簿によって実施内容を点検するのはもちろんのこと，授業観察や授業公開を通じて，このような工夫が

効果的に行われているかどうか，支援の必要な児童・生徒や学級が存在しないかなど，実施されている教育の質を確認し，課題の早期発見に努める。

③ 評価管理：Check（点検，評価）および Action（修正，改善）

まず Check のステップでは，Plan の段階で計画しておいた評価規準，評価計画に基づいて，教育課程の実施状況についての評価とその要因についての分析を行う。

学年・学級，分掌ごと，教科・領域ごとの教職員による自己点検・自己評価，教員相互による評価に，外部アンケートや学校関係者評価を活用した児童・生徒や保護者，地域住民等による評価を加味して，

① 目標の設定は適切であったか
② 内容および授業時数の配分は適切であったか
③ 実施の方法は適切であったか
④ 児童・生徒の学習の定着状況はどうか
⑤ 目標やねらいは効果的に達成されたか

をチェックする。その結果を踏まえて，結果がもたらされた要因を分析し，課題を明らかにする。

Action のステップでは，明らかになった課題の解決に向けて，目標，評価計画，指導内容および方法を見直し，できるだけ具体的な改善案を作成して，次年度の教育課程の編成（次の Plan）につなげる。このとき，短期・中期・長期的な視点から改善を考え，教員間で課題と改善案について共通理解を図ること，保護者・地域住民への説明も重要である。

（3）教育委員会による教育課程の管理

教育委員会は，学校の教育課程に関する事務を管理・執行し，またそのために必要な教育委員会規則を定めることができる。前述のとおり，教育委員会は教育課程について規則や基準などを設定し，その実施について量的・質的な管理と指導を行う。

学校における教育課程の管理・運営について指導・助言を行うのが指導主事

である。指導主事は，地方教育行政の組織及び運営に関する法律第19条に基づいて教育委員会におかれる専門教育職員のひとつで，学校を訪問して，教育計画の協議，教育課程の実施状況の点検・評価，教科指導などの教員向けの研修や授業に必要な教材や資料の提供を行う。

以上のように，各学校は法規上の基準に従って教育課程を編成し，実施している。これらの基準は硬直的なものではなく，基準に則りつつ，児童・生徒の実態や地方の実情を踏まえて弾力的な運用が可能な余地が残されており，教育委員会は，一定水準の教育が効果的に行われるよう学校を支援しているのである。

参考文献

安彦忠彦（1979）「教育課程の経営と評価」今野喜清・柴田義松（編著）『教育学講座第7巻　教育課程の理論と構造』学習研究社.

安彦忠彦（2006）『改訂版　教育課程編成論　学校は何を学ぶところか』放送大学教育振興会.

奥田真丈（1982）『教育学大全集27　教育課程の経営』第一法規.

文部科学省（2008）『小学校学習指導要領解説　総則編』東洋館出版.

文部科学省（2008）『中学校学習指導要領解説　総則編』ぎょうせい.

文部科学省（2010）『高等学校学習指導要領解説　総則編』東山書房.

（古田　薫）

第7章
諸外国における教育課程の現状

　学校教育の創世記にかかわった人物については，すでに他章に記載している。それら先人たちや後継者の活躍によって，ヨーロッパ諸国では，18世紀ころから教育機関が拡充されて現代に至っている。特に本節では，教育課程について，明治初頭の近代学校教育の成り立ちから日本の教育界に影響を及ぼしてきた欧米の教育課程の現状と動向について紹介する。

1 イギリスの教育課程

イギリスの教育課程は、古くから日本が手本としたものの一つである。イートンなどのパブリックスクールを範として、各学校が教育課程だけでなく外面的な制服などのことまでもとりこんでいったことは説明するまでもない。1960年代には、インフォーマルな教育課程として、壁のない教室、ノーチャイムなどが日本の学校教育にも影響を与えた。

> ＊それまでのイギリスの伝統的な教育をフォーマルとし、それに対するものとしての名称。教室内に動物や植物の展示をするなどの紹介も画期的なものとされたが、その当時の日本の学校では、すでに動物の飼育や植物の栽培などが行われていたので、教室環境にかかわることでは、イギリスでの教育方法が特段目新しいことではなかった。

イギリスの教育課程は、伝統的に教師の裁量に委ねられていて、特徴ある種々の学習活動がされていた。しかしながら1988年にナショナルカリキュラムが制定されることによって、統一化が図られるようになった。それは2002年の教育法第78条によって決定的なものとなる。2014年から改訂ナショナルカリキュラムが実施されている。

> ＊たとえば川と水などの課題から数週間にかけて、多岐にわたった方法・技術による活動が可能であった。
> ＊＊学校と社会における、精神的、道徳的、文化的、心的、身体的なこどもの発達を促進すること。子どもを学校において、後の人生のための機会、責任、経験の準備をさせること。

（1）初等教育の教育課程

初等教育での教育課程は1999年に制定されていて、初等学校（primary school）前期課程＝幼児学校（infant school）の5歳から7歳をキーステージ1（KS1）、初等学校後期課程＝下級部（小学部：junior school）の7歳から11歳をKS2としている。つづく中等教育（中等学校：secondary school）の11歳から14歳はKS3、14歳から16歳はKS4と年齢段階別に称されている。それぞれの段階で教育課程

があって，さらに教科ごとにも学習領域と到達目標がある。

＊併行して総合制中等学校，モダンスクール，グラマースクール，アッパースクール，パブリックスクールがある。

KS1からKS3には英語，数学，自然科学（理科），地理，歴史，体育，音楽，情報通信技術ICT，芸術とデザイン，デザインと技術，宗教があって，KS2以降には外国語も用意され，これらのなかで英語，数学，自然科学は中核教科とされていて，ナショナルテストの対象となる。その結果は公表され，高成績である児童・生徒数の割合とともに，特別な教育が必要な児童・生徒数の割合をも公表している。さらに学力成績の伸長も公開している。各教科についての週当たりの授業時数の定めはなく，教育実践活動については各学校の裁量に任せられているが，以前のような子ども（児童）中心主義いわゆる進歩主義的な教育が実施されにくくなったともいわれている。

ここでイギリスでは学校選択の自由が認められていて，上記のこととも関連し学校の条件が平等でないことについての配慮も実施されている。

（2）中等教育の教育課程

5年制義務教育である中等教育においても，各教科の学習プログラムと到達度目標が定められていることは小学部の教育課程とも同様である。当該教育では，総合制中学校（comprehensive school）に主として進学する傾向がある[*]。学校選択制があり無選抜であるが，入試選考も認められている。KS3とKS4教育課程では，小学部のものに市民科も加わる。ただしKS4では，学習領域が限定され，英語，数学，自然科学，ICT，市民，体育となる。中等教育の特色は，市民科[**]にあって，日本の学校教育での道徳科と特別活動に関連するものと解することもできる。当該科目の学習領域としては，政治，法，人としての権利と市民としての責任などがある。

＊総合制中等学校以外には，モダンスクール，グラマースクール，アッパースクール，パブリックスクールがある。

＊＊民主主義と正義。権利と責任。アイデンティティと多様性・イギリスでの共生。批判的思考と探求。講述と説明。情報を与えられたうえで，責任ある行動をとるこ

と。以上がその内容にかかわるものである。

(3) その他の教育課程

　他の保育・教育施設には，保育学校（nursery school）＊があって，とくに3歳未満児を保育所（day nursery），3歳以上を保育学校（～5歳）とし，義務制の幼児学校（5歳以上）と制度上区分されている。3歳以上児の幼児教育は＊＊午前9時30分から12時までと午後1時から3時30分までであって，午前8時00分から9時30分と午後3時30分から5時45分までは保育（care）となる。3歳未満児はそれらの時間帯がすべて保育となる。それらの保育機関の存在意義を認識してはいるが，家庭教育重視の見解がある。基本的に5歳児未満は長時間にわたって親から離すべきではないとする考えが根底にある。したがって延長保育が進められてきてもそれは午前8時から午後5時45分程度のことである。家庭でその根幹となる親子関係は，ボウルビィ（Bowlby, J.）の愛着性（attachment）形成の理論に基づくものである。これらの教育・保育機関は，文部省，および，イングランド，ウェールズ，スコットランド各地方教育当局の管轄のもとにあって，教育・保育内容には各局による若干の特徴的な相違がある。ここにおいて1988年地方学校経営が導入されたのちは，地方教育局に委ねられていた予算や人事などが個々の学校に任せられるようになっている。

　　＊保育学校を設立の契機としては，姉のレイチェルが，平時の診療から学童（児童）期に養護しても，子どもでは，教育は手遅れであることに気づき，より早期の教育のために乳幼児を対象とする保育施設の重要性を説いたことにある。その実践としてマクミラン兄弟は，ロンドン市デプトフォードのスラム街に，給食のあるヘルスセンターの機能を有する乳幼児施設を1911年に創設したのである。そこにはベルリンから幼稚園教諭を招いて保育を行った。その内容は，母子一体を重視し，医療・保健，栄養など子どもの健康の改善に留意しながら，とくに生活習慣の確立や戸外遊びを重点的に行うようにした。さらにそこでは，粘土，砂，水，積木，絵本の読み聞かせなどがされた。これが現代の保育学校のモデルになった。

　　＊＊イギリスの幼稚園教育の対象は，社会・経済的地位がいわゆる中流階層以上といわれる家庭の幼児としていた。当該施設は幼児学校とも異なり，かつ1850年代に導入されたフレーベル主義の幼稚園とも異なっていた。それはマクミランきょうだい（Macmillan, Rachel & Margaret）によって，フレーベルの精神を低所得者層の

街中の子どもに対して具現化しようとする意思によってつくられたものであった。

2 フランスの教育課程

　母親学校は3～4年，初等学校（Ecole élémentaire）は5年制，コレージュの中等教育前期は4年，中等教育後期にあたるリセは3年とする単線型の学校教育制度である。どの学校種においても国民教育省が管轄となって，日本の学習指導要領にあたるプログラムを制定していて，教育内容の大枠や授業時数も規定している。2005年にフィヨン法つまり新教育基本法が制定され，それをもとにして翌年以降に具体的な内容が定められている。それらにはフランス語の習得，ひとつの外国語の使用，数学の基本原理と科学技術の教養，情報・通信に関して日常使える技術の習得，人文的教養，社会的市民的技能，自律性と自発性の学習領域に，それぞれ知識（文章の暗記など），能力（表現などの能力），態度（意志や関心など）が規定されている。それによって，これまで知識伝達を第一主義にしてきた教員の役割は，共和国の価値や平等を教える傾向と変化した。

　　＊2008年に母親学校，小学校，中学校のプログラム改訂があって，2009年に高等学校についての改訂が発表された。

（1）母親学校の教育課程

　幼稚園的機能を有する初等教育前期は，コメニウス以来の伝統的な名称を用いて，母親学校（école maternelle）といわれ3～4年の教育を実施している。母親学校は，その学校という名称が示すとおりに，初等学校につながる初等教育として位置づけられている。教育課程は，初等学校に入学する前のフランス語「言語表現を身につける」「文字表現を発見する」「生徒になる」「身体で動き，表現する」「世界を発見する」「知覚する，感じる，想像する，創造する」の領域が示されている。就園時間は，朝8時30分から16時30分までであって，延長保育も可能である。一般に午前3時間，午後3時間であって，午前中の保育を利用することも可能であるし，10時間から12時間も在園している場合もあ

る。ここでは3～5歳児が対象となっている。所管は，国民教育省になる。さらに3歳児未満児を対象とした託児所（crèche）的機能の保育施設には多様な種類があって，機能で分類すると，集団的受入れの施設保育所（crèche collective）と家庭的受入れの家庭保育所（crèche familiale）が代表的なものとして存在している（生活科に近いと大津尚志氏はいう）。ここで自明のようにオーベルランが基盤を築いて，ジラールによって，現行の形が整えられた保育所が，さらなる発展をしてきている。

　　＊他には，初等学校付設幼児級・幼児班がある（赤星 2009）。名称の意味としては，日中に自分の子どもの面倒をみられない母親に対して，その母親の代わりをすることからも名づけられている。
　　＊＊1989年以来3歳児以上の幼児には無償の教育が保障されている。
　　＊＊＊これらの保育機関は，県保健社会活動部局が所管し，いずれも義務制ではない。

（2）初等学校の教育課程

　初等学校（Ecole élémentaire）は，日本の小学校第1学年から第5学年にあたる初等教育である。その教育課程での教科（領域）は，国語，算数，社会，音楽・美術，外国語（英語あるいはドイツ語）が第1学年にあって，第2学年以上では，これらに文学・地理，歴史，理科，工芸が加わる。1週間で，24時間の授業を行う。特にこの学校の段階で，フランス語を重点的に行い，第1，2学年で36時間を10週間，3～5年で36時間を8週間実施する。それに至らないにしても算数の授業時間数も重点的に配当し，第1,2学年で36時間を5週間，3～5年で36時間を5週間実施する。

（3）コレージュの教育課程

　コレージュ（Collège）は，日本での初等教育終期（小学校第6学年）および中等教育前期にあたる4年制の課程である。その教育課程では，フランス語の授業時間数は，週あたり第1学年で4.5～5時間，第2，3学年で4時間，第4学年で4.5時間である。算数は，第1学年で4時間，第2，3学年で3.5時間，

第4学年で4時間配当されている。くわえてラテン語や第二外国語が置かれている。さらに日本のホームルームにあたる学級生活についての授業時間も設けられている。第4学年では職業発見の授業が，週3時間から6時間配当されている。

（4）リセの教育課程

　中等教育後期の高等学校にあたるリセ（Lycée）には，普通科課程，技術科課程，職業科課程の3種類がある。普通科課程では，自然科学系，文学系，経済・社会系に類別され，第3学年終了時にバカロレア試験（Baccalauréat）が，各系で実施される。合格すれば，希望の大学に登録する資格を得るようになっている。技術科課程では，自然科学・経営技術系，自然科学・工業技術系など7種類のバカロレアがある。職業科課程では，バカロレアに，会計，販売，自動車整備など80種以上がある。さらに当該課程には，3年間で職業バカロレアを修得する課程と，約200種類に用意された職業適格証のいずれかを2年間で取得する課程とがある。

3　ドイツの教育課程

　ドイツは連邦制を布いて，16州のそれぞれに，独自の教育課程が学校制度とともに存在し営まれている。しかも1989年のドイツ統一から，四半世紀経過しつつあっても，旧西ドイツ圏と旧東ドイツ圏とに，それ以前からの教育制度や教育課程の伝統が未だに残存しているようである。

　幼稚園（Kindergarten）は3年制，日本の初等教育前期にあたる基礎学校（Grundschule）はおおむね4年（6～9歳），初等教育後期と中等教育前期にあたる中等教育は，6年制で10～15・16歳の段階と，中等教育後期をも含めた16～18歳の段階がある。

　アメリカ各州による自治ほどの独立した行政区分ではないにせよ，上述したように各州による教育の施策が分化した行政で権限を保持している。したがってドイツの教育にも多様性が存在することになる。各州には，各学校種と学年

ごとに教科基準と週ごとの時間数が定められている。さらに各学校園での詳細な学習目標と内容を定めた教育課程（Lehrplan）が編成される。授業計画の編成と実施については，各学校と教員での裁量が大きい。

　ただし近年ではドイツにおいても，世界的趨勢にともなって，教育目標への達成度を明らかにする方向にある。したがって基礎学校第4学年や中等教育第10学年での主要教科についての到達目標を示したナショナルスタンダードが示されるようになっている。

（1）幼稚園の教育課程

　幼児教育の機関としては，旧西ドイツ圏以来の学校幼稚園（Schulkindergarten）[*]が主たるものとして大都市を中心に広がっている。遊びを中心とした教育で，ドイツ語を学習し，運動も行う。一方で，旧東ドイツ圏では両親が職業に従事することが当然としてみなされてきたため，日本でいう保育所的な機能を有した機関が主流となっていた。そこでは，年齢段階にしたがって，保育所（Krippe），幼稚園，基礎学校への移行となっていた。さらに保育所と幼稚園との連携や家庭と地域との関連から保育所と幼稚園が連続的につながっている総合乳幼児教育施設も設立されている。

> ＊幼稚園が出現するまでの時期は，ほぼ他のヨーロッパ諸国と同様の歴史的流れがあって，16世紀ころには幼児保育施設があったとされる。それは農民戦争によって迫害を受けた再洗礼派の共同体であったといわれる。本格的には施設が造られるようになってきたのは19世紀初期ごろからで，経済発展にともなう両親による家庭外での労働が増加することで社会的要請が高まってきたことによる。貴族によって乳幼児保育施設が設立されたり，イギリスの幼児学校に倣って開設された季節託児所などがあったりした。
>
> 　学校や孤児院（現在の児童養護施設）での実際の教育・保育活動に取り組んだ教育思想・実践家でもあるペスタロッチの教育方法学と，その思想の流れを汲んだ幼稚園の創設者フレーベル生誕の国でもあるが，19世紀末から20世紀初頭では禁止されたり，誤解からの批判があったりして，進展があまりみられなかった。
>
> 　ドイツ国内では1920年代になって，シュプランガー（Spranger, E.），ノール，フィッシャーなどの主張で幼稚園の再興が目指された。くわえて1930年代からは，フレーベルの保育思想が当時の全体主義政権による勝手な解釈で注目をあびることが

あった。それはフレーベルが幼稚園創立時に「一般ドイツ幼稚園」の名称を用いたことを取り上げて，当時政権のナチス（ドイツ国家社会主義労働党）は，ドイツの統一と優秀性をアピールすることに利用したからである。それによって幼児対象の施設を Kindergarten の名で統一されることになった。基本的には，当時の政権の思想で画一的に統制されていた。第二次世界大戦後には東西ドイツに分断されてからは，しばらくの間それぞれの国で独自に保育および幼稚園教育が発展した。

ただし旧西ドイツでも保育所は存在していたが，その役割は家庭教育の代償機関となるのではなく，教育の要素として苦境にある家庭を支援し，必要なものを獲得させることにあった。そこでは保育士が，親に対して子どもへの責任感を喚起することを役割としている。

ここで幼稚園についての設置主体をみると，福祉事業団が多く，特に都市部では地方自治体，企業，教会あるいは個人など種々であって，児童福祉施設として有料である。したがってドイツの乳幼児のための教育・保育機関は，他のヨーロッパ諸国では，通常学校教育制度に入れられていることとは異なっている。保育所は乳児保育所（0～1歳児対象）と幼児保育所（1～2歳児対象）があって，その後幼稚園（3～5歳児対象）とつづいている。さらにこれらの保育所と幼稚園さらには学童保育所へと総合した施設も存在している。

（2）基礎学校の教育課程

基礎学校の授業時間帯は，通常8時から11時30分まであって，家庭教育を重視する傾向から，中等教育も含め半日制の傾向がある。近年では，午後も授業実施をする全日に移行するところもある。授業は1時間当たり45分で，教科はドイツ語，英語，算数，郷土，事実教授（日本でいう生活科にあたり，理科や社会科の分野からなる統合教科），宗教・倫理，美術・音楽である。特定学年では，教員の裁量によって教科の横断的な授業を行うこともできる。外国語（英語またはフランス語）学習は，一般に第3学年から始めるが，州によっては第1学年から開始しているところもある。

（3）基幹学校・実家学校・ギムナジウムの教育課程

　ここでドイツの義務教育後期課程である中等教育前半では，基幹学校（Hauptschule），実科（実業）学校（Realschule），ギムナジウム（Gymnasium）の3岐分立型の州や旧東ドイツ圏では前者二者を統一した二岐分立型の州もある。さらには前者に総合制学校が加わり，より多岐にわたる学校教育制度を実施している州さえある。中等教育後半では，職業専門学校（Beruffachschule），職業上級学校（Berufoberschule），ギムナジウム上級段階の主たる学校がある。なお大学進学には，主にギムナジウムがそれを担っている。それゆえ中等教育学校の主たる役割は，将来の職業を見通した教育課程が編成されている。

　基幹学校の5年制教育課程（ドイツ語，英語，数学，スポーツ，宗教・倫理，美術・音楽，生物，化学，物理，地学，政治経済，歴史，労働，その他選択）は，中等教育より基礎学校の上級課程とみなされることがある。生徒たちは，その後の上級学校には進学しないで職業教育訓練を希望する傾向があるとされている。

　実科学校は5年制課程で，そこを修了した生徒の進路は非製造業つまり商業やサービス業としていたが，近年では職業専門学校か職業上級学校に進学する傾向がある。教育課程（ドイツ語，第一外国語，第二外国語，数学，スポーツ，宗教・倫理，美術，音楽，生物，化学，物理，地学，政治経済，歴史，労働科，選択科目）において，学習時間は，どの学年に何時間割り当てるかは各学校の裁量になっている。

　ギムナジウムの9年制教育課程（ドイツ語，第一外国語，第二外国語，数学，スポーツ，宗教・倫理，美術，音楽，生物，化学，物理，地学，政治経済，歴史，その他）では，大学進学を考慮したことになっている。第10学年までが中等教育第1段階，第11学年から第13学年までがギムナジウム上級段階とされている。修了時点で大学入学資格試験がある。教育課程の特徴としては，外国語にラテン語やギリシア語が用意されている。上級学年では第三外国語も選択で用意されているアカデミックカリキュラムの編成となっている。なお，2007年に，大学入学資格試験（Abitur）についての教育スタンダードが定められている。

第7章 諸外国における教育課程の現状

4 アメリカの教育課程

　この国の教育課程は，先進国のなかでは希有な形態をもち，伝統的に地方分権型である。つまり学習指導要領のようなナショナルカリキュラムやそれにともなうような試験がなかった。したがって，教育課程にも「アメリカでは」とする統一された見解を記述できるものは存在しなかった。しかしながら地方分権型は，よい観方とすれば，各州の独自性を打ち出すことができる。一方で，その学習者にとっては教育格差が著しいものとなる危惧もあった。

（1）地方分権型からナショナルスタンダードへ
　そこで地方自治の独立性を尊重するアメリカといえでも，世界の潮流に従い，連邦政府での標準化つまりナショナルスタンダードを設ける方向となる。
　1989年に民間団体が数学のナショナルスタンダードの発表を始めてから，2001年にはナショナルスタンダードにもとづく統一試験を連邦政府が実施し始めた。この目的には，どの子も置き去りにしない法*つまり落ちこぼれを防止するため施策でもある。各学校に対して，州が，児童・生徒についての人種・民族間において，それまで生じていた教育目標においての到達度格差**を解消することを目的としている。それには統一テストが実施され，成績についての説明責任（accountability）のために公開されることになっている。つまり英語，数学，理科などの各教科の知識・技能を明確化した内容の標準に加えて，内容の標準に対する認識レベルを学年段階で具体化した指標として示す。さらには目標に関する習熟レベル（評価基準）が示されていて，学校年間目標つまり適正年次進捗度がパフォーマンススタンダードとして設定されている。

　　＊NCBL法（No Child Left Behind Act）：同法以前にアメリカを教育する法（Educate America Act）と初等中等教育法の改正法（Improving America's School Act）があって，スタンダードの策定と学力試験の実施とそれらによる学校改善と支援及び説明責任を州に求めるようになった。翌年2002年に施行。
　　＊＊1989年 NAEYC からアンチバイアスカリキュラムによって，文化，性別，言

語，人種など種々の多様性を考慮し，偏見を是正する必要性などが盛り込まれている。この考えは後の改訂 DAP（1997）にも影響を与えている。

　たとえば，英語についての内容の標準としては，読み，書き，表現，聴く・話すがある。これらの指導指針となる枠組みは，それぞれの学年段階での標準が設けられることになる。それらは学力試験の点数として，年間目標と到達度としてあらわされ，各学校としての情報が公表される。これらが達成できなければ，学校に改善措置や制裁が講じられることがある。児童・生徒には転校についての選択権が与えられ，さらには補習，教職員の入れ替え，チャータースクール*への転換などもありうる。

　　＊公募型研究開発学校。保護者，地域住民，教師，市民活動家などが，地域で運営のための教職員を集めて，学校の特徴と年限を設けて到達目標を定めて認可申請する。それにより公的資金の援助を受けて学校が設立・運営される。公設民間運営校で，所定の年限内に目標達成や児童が集まらないときには閉校となり，負債は運営者が担う。

　ただし標準化は，伝統的に州教育委員会や学区などの地方のもつ教育課程の自主性を脅かすものとして批判もあるが，2010年には，英語と算数・数学に関する共通の核となる標準（Common Core Standards*）に多数の州が参加することにもなっている。

　　＊教育の標準化や学力テストの合否については各州が定めるために，その水準が統一されていなかったことによる。

（2）学校制度と教育課程

　アメリカでは教育課程について，幼稚園入園から高等学校修了段階までを K-12 として表記している。その学校教育制度を約70年前に，当時の旧都市部のものを導入して，日本は 6 - 3 - 3 制となっている。しかしながら本国アメリカでは，連邦政府が，それらの制度や課程を全国に統一的に実施しているのではない。つまり州ごとやそのなかの地方の教育行政単位が主導で進めてきた経緯があるために，それらの権限が根強く残り，教育課程に種々の形態*が存在している。

第7章　諸外国における教育課程の現状

＊8-4制，6-6制，5-3-4制などがあって，最も伝統的なものが8-4制。他に5-3-4制や4-4-4制もある。

ここで学校制度とは異なる保育学校（Nursery School）＊については，年齢は2,3～4，5歳児と対象とした保育を実施している。その後，幼稚園が5～6歳児の保育を行っている。これらは保健・教育・福祉省教育局の所管となっている。入所年齢は州によって種々あって，下限の年齢規定のない州も存在する。一方で幼稚園は公・私立とも通常1年または2年の教育・保育をおこない，公立の保育料は無償であって，私立は有料となっている。幼稚園および保育所ともいずれも義務制ではなく，両者の教育・保育内容には3R'sをくみこまず，それを小学校以降の学習指導としている。＊＊＊

＊1921年M.マクミランらがコロンビア大学にて，私的な研究施設として始め，その指導をおこなったことが最も影響が大きかった。他にもイエールやアイオアなどの各大学にも付設されて幼児研究の施設兼母親教育のためとして，主として社会的経済的地位の高い家庭の子どもを中心に保育が行われた。

＊＊アメリカでは，幼稚園の源流をドイツに求め，保育学校はイギリスからの流れを受け整備充実してきたのである。さらに保育所はフランスの託児所の影響を受けていたのである。初期の幼稚園は，フレーベルの教え子であるドイツ人か，その流れをくんだ人物によって開拓された。したがってアメリカでは，幼稚園を示す言葉として，初期から今日に至るまで，ドイツ語のKindergartenを用いてきたことにもドイツの影響を示す。その由来は1855年に，フレーベルの直弟子シュルツ（Schurz, M. M.）によって，ウィンスコンシン州ウォータータウンに米国初のフレーベル主義幼稚園1が開設されたことにある。その後ピーバディ（Peabody, E.P.）は，ホレース・マン（Mann, H.）の妻であってピーバディの妹であるメアリー・マン（Mann, M. T.）とともに1860年にアメリカ人による英語で保育を行なうボストン幼稚園を設立した。さらに彼女は，フレーベルの協力者であるビューロー（Bülow, B. M.）の弟子クリーゲ（Kriege, M.）とその娘とともに幼稚園教員養成施設を創設した（1868年）。くわえてピーバディは，ドイツ人ブロウ（Blow, S.）の経済的援助をもとにして，指導主事ハリス（Harris, W. T.）とともに初の公立幼稚園を1873年セントルイスに創立して，その後公立の教育機関としても全国にも広まった。それ以降，1980年ころには，約30州に公立幼稚園が普及していったが，フレーベル教育法の形式を重視しため，そのあまりに形式的な保育になりすぎたとする批判が起きた。それによって保守派とヒル（Hill, P. S.）ら進歩派との論争がおよそ10年にわ

119

たって生じた。

　＊＊＊ここで primary school は保育学校と，幼稚園および小学校（elementary school）の第3学年までをさす。一方で elementary school は，保育所，幼稚園，および小学校の第6学年から第8学年（11～13歳）を含む。

（3）補償教育

　この国の教育で最も特徴的ものとしては，補償教育（compensatory education）にあって，その代表的なものがヘッド・スタート・プログラム（Head Start Program）である。1965年より実施されたこのプログラムは，当初は旧ソビエト連邦の宇宙開発を代表とする科学技術に遅れをとらないように，すべての社会階層に教育の機会を均等に行うことを目的として実施されたものである。特に黒人，ヒスパニック，プエルトリカン，先住民（ネイティヴ・アメリカン）等の貧困層を対象＊としていた。5歳児を9月の就学前までに，学力向上のために夏期の2ヵ月間に特別保育を行った。それ以降，対象は3歳までになった。その教育効果を持続・強化する目的で，フォロー・スルー計画（Project Follow Through）も実施された。さらに，より早期からの教育による効果を期待して，母親の教育参加を得ることを期待して幼児期の子どもを対象としたホーム・スタート計画を実行した。これらのプログラムの実施は，一応成果を得られたことになっている。＊＊

　　＊ヘッド・スタート・プログラムの対象となった人びとの人種・民族・社会階層は，アメリカの社会・経済活動を占有する中流階層の白人とは文化や言語が異なる。そのことは学校で使用されている言語が，プログラムの対象となっている人々は異なり，中流階層の白人の言語を使用していることを示すものである。したがって彼らの家庭ではそのような言語は使用されていないため，彼らの子どもは授業内容が理解できずに学力不振となってしまったのである。このことによって，彼らの子どもは学力不振を理由に，学校文化に適応するよう就学前からの英語化教育を受ける対象になったのである。

　　＊＊実際には，このなかのホーム・スタート計画のひとつの例は，本来の目的からいえば結果的には失敗に終わった。それは家庭の幼児向けテレビ番組を通して，英語化教育を実施した「セサミストリート」であった。この番組内容には種々の配慮

があった。たとえば画面上に出演する人物は多様な人種民族で必ず存在し，登場する人形は，ひと型・動物型など多様な形態をしていて，しかも色彩豊かである。人種・民族問題が特定の人種・民族を対象とした意識を有しないようにし，多元的なものであるように構成されている。それは，対象が低社会・経済層の家庭の子どもであったからである。それにもかかわらず，それら子どもと家庭の言語や文化が白人中産階層とは異なるゆえに，これらの理由が障壁となって，上記課題を解消する目的で作製された番組のプログラムは成り立たなくなった。結局は当該番組でアメリカで使用者数第２位の言語であるスペイン語を番組に導入するに至ったのである。

5　その他諸外国の教育課程

　イタリアでは，レッジョ・エミリア市の実施しているプロジェッタツィオーネが乳幼児教育・保育課程として世界的にも着目されている。それは芸術的なものに主眼を置きながら，4，5人の少人数を単位として，子どもの主体性を重視し，保育者がそれに適切にかかわる保育活動をありのままに記録したドキュメンテーションをもとにして，次の実践に結びつけるようにしている。加えてイタリアの幼児教育・保育課程の概略については次のように示されている。乳児保育所（Nido di Infanzzia：乳幼児の巣；３歳未満児）は，1973年から市町村の地方当局で管理され，それまでの「母親と乳幼児の施設」（OMNI）の機能にとって代わった。OMNIは，働く母親の子どもを預かる機能であったが，「乳幼児の巣」は教育プログラムを組みこんでいる。ただし，イタリアの文化的風土として，家庭で乳幼児をみるとする家族主義的な伝統が強く，「乳幼児の巣」の開設数は著しい発展をみせているわけではない。そこには伝統的に保育思想としてモンテッソーリ・メソッド（metodo Montessori）の考え方が中心にあって，ヨーロッパカトリック諸国とともに広くアメリカやインドにもその影響を及ぼしている。国営および市営が無料であるが，私立は有料である。しかし寄付が私立にはあるために，保護者の費用負担はごくわずかになっている。

　この国の実践は日本の保育界に「協同的な学び」として影響を与えている。さらに，子どもが，学ぶ意欲と学ぶ力をもった有能な学び手であること，生活のなかでもっともよく学ぶこと，他者とのかかわりやものとのかかわりのなか

で育つことなどの保育観が重要視され，世界的にも着目されている。

＊イタリア最初の保育所といわれる幼児院（Asilo Infantil）は，1829年にイギリスの幼児学校を範にして，カトリック教会の司祭アポルティ（Aporti F.）によって開設された。彼の考える三能力（唱歌を含む身体的（体育）能力，知的能力（知育），道徳能力）を教育する目的で，実験的に開かれたもので有料であった。後に無償の保育所を開設し昼食も含めて無料とした。幼稚園の始まりについては，ピック（Pick, Adolfo, 1829〜1894）がフレーベル主義幼稚園（giardino froebeliano）を1871年にベネチアで開設したことにあるといわれる。保育学校（Scuola dell'infanzia：母親学校 Scuola Materna；3〜6歳）は，アガッツィきょうだい（Agazzi, Rosa & Carolina）とその師である，パスクァーリ（Pasquali, P.）小学校長をリーダーとして，1895年から実験的に始められた。アガッツィきょうだいは，こどもの身辺にある事物を教具として使用するアガツィ法（Agazzi-Methode）を行った。

スウェーデンを始めとする北欧*の保育には，教育的な要素が含まれてはいるが，土地柄，福祉先進的**な印象が強い。***3歳児未満児保育について高水準であるといってよい。ただし，その対象として1歳児未満とくに6ヵ月児からの保育は制度上存在しているが，利用はほとんどない。****

＊北欧とは，一般に，デンマーク，ノルウェー，スウェーデンの3ヵ国をいう。広義には，それらの国にフィンランド，アイスランドを加えた5ヵ国をさすことがある。

＊＊1881年には児童労働禁止法が制定され，子どもが労働することを禁止し，1887年には両親が働いている家庭の子どものための学童保育所がスットクホルムで始まった。1924年には児童福祉法が制定された。1935年に集団住宅と大家族住宅のなかに保育所ができ，これに国からの援助が与えられた。1945年頃から，家庭保育を組織する地域集団が現れ，1979年には，両親教育を義務化し，保育機関がそのセンターとしての効果を上げている。1995年からは，各自治体に必要があるならば1歳から12歳の子どもに保育の提供が義務づけられている。

＊＊＊ただし，19世紀半ばまでは，いまの福祉先進国のイメージとは，全く程遠かった。たとえば，教育された人々は労働力として高価であるので，労働者には好まれず，一方，教育を受けていない人物が労働者として安価なため，当時の支配層から求められた。したがって当時は，これら支配階層によって，初等教育制度は整備されず，支配され代々教育を受ける機会のない層は，見捨てられたことになっていた。

最初の幼児学校は，1834年フォルセル（Forsell, C.）によって，ストックホルムに設立された。その対象となった子どもは，働く母親がいて，しかも保育費さえ支払えないような所得層の家庭の子どもであった。2～7歳児が対象で，給食と養護と簡単な読み書きがあった。この国の幼児学校設立への発想にはオウエンの影響があった。とくに注目を得始めたのは，医師フス（Huss, M.）によって，1854年に始められた託児所（Creche）からである。場所はストックホルムにあって，社会的・経済的地位の低い層の乳児のための慈善的なものであった。一方でフレーベル主義の幼稚園は，1896年にストックホルムで，エルクンド（Elkund, A.）によって開園された。保育時間は3時間であったが，社会的・経済的地位の高い層の子どもが対象であった。幼稚園が大衆化されるのは，ムーベリきょうだい（Moberg, Ellen & Maria）によって1904年に開園されてからである。そこには子どもの権利と女性の権利問題に傾注したエレン・ケイ（Key, Ellen K. S.）の影響があったからといわれている。つまりケイは，当初幼稚園教育には同調せずにいて，家庭で個性を活かした教育をすることが相応しいと主張していた。

＊＊＊＊つまり就労者は育児休暇が実質的に利用可能であって，しかも補助金交付がある。したがってスウェーデンでは，家庭での子育てを行うことがあたりまえとなっているために，乳児保育は極めて稀である。したがって保育が必要な子どもは，15ヵ月齢から18ヵ月齢の間に保育所に登録されることになる。18ヵ月から3歳までも育児休暇支援と補助金給付がある。

乳幼児のための保育施設では，乳幼児が通う昼間の家庭としての全日制保育所（daghem：5～12時間の保育，対象6ヵ月～6歳），家庭保育（familjedaghem：地域が保育者を雇用；対象6ヵ月～7歳），保育学校（open forskola：オープン保育学校；時間制限なし；週4，5日，保育所待機児童などで保護者付き添いの0～12歳），半日制保育学校（deltidsgrupper：週15時間以上，年間525時間以上；対象5，6歳）が存在している。現在では，これらの乳幼児にかかわる教育・保育機関は，かつて社会福祉省であったものも全て教育省と地方自治体の所管となっている。

北欧諸国のなかでアジア系民族の国家であるフィンランドでは，パイヴァコティ（päiväkodi：デイケアセンター[*]）と，そこから基礎学校につなぐ，入学前1年間のエシコウル（esikoulu：プリスクール）がある。これらに就園するには，準備段階の教育を無償で受けることができる。エシコウルにおいて「まだ基礎学校に入学する段階でない」と保護者やスタッフが判断した場合，入学を

1年遅らせて，そこに留めておくことができる。※※

　　＊費用は自己負担であり，その負担額に，家庭の収入にあわせて上限から下限の範囲が定められている。

　　＊＊基礎学校を卒業する学年においても，進路が決定できていない生徒や上級学校に入学できなかった生徒のために1年間，任意での補習プログラムも設けられている。

　パイヴァコティでのクラスは幼児が12〜24人に教師・保育士が1人，保健センターから保健士が1人，支援員が1人配置されている。幼児は朝8時から朝食もパイヴァコティでとり，夕方4時に保護者の迎えを待つ。保育時間は，各家庭の希望に応じて柔軟に設定することができる。朝食がパイヴァコティで支給されるのが特徴的であり，朝食のメニューは主に穀物が入った粥で，必要ならばバターや牛乳などを加えて食べるという質素なものを支給している。保育と教育の両方を担っていて，教育に関しては脳科学に基づいた遊びとかかわりながらの教育（early childhood education and care：ECECプログラム）が行われている。さらに地域の保健センターとの連携があって，パイヴァコティのスタッフが，幼児に発達や精神的な問題を感じたときには，相談機関ネウヴォラ（neuvola）を通して，対象となる子どもを言語，体の動き，精神科の3分野の専門家に無料で診断してもらえ早期発見につながる。

　エシコウル＊は6歳児に対して行う教育課程であって，1日約4時間の教育が行われる。その費用は無償で給食も支給される。公費ではあるが義務教育ではないので，受ける権利は保障されているが受けさせる義務は存在しない。2001年より自治体への設置が義務化され教育内容の一致が図られた。開催場所は主に保育所と基礎学校の公立施設が主体であるが，私立学校で行われることもある。なおこの国の保護者の費用負担は，15％であるのに対して，アメリカでは70％を超すといわれる。※※ここを卒園すると，基礎学校に入学する。

　　＊この制度は1970年代から試験的にはじまり当初は自治体によって設置されないところもあって，かつては教育内容に差もあった。

　　＊＊GDPの割合としての就学前教育の支出としては，北欧としては低い値のフィンランドはアメリカとほぼ同程度で0.4％である。他の北欧諸国，ノルウェーやデ

ンマークでは約0.8％（ハンガリー同等，フランスは0.7％），スウェーデンでは約0.6％（ドイツも同等）である。イタリアは平均値で約4.5％，日本や韓国，オーストラリアは0.2％を切っていて，OECD諸国の最下位を争っていたが，各国はそれを脱して，日本が単独の再開となっている（OECD，2002，2007，2015資料より）。

　基礎学校は日本でいう小学校と中学校の年齢段階に該当し，義務教育である。授業時間は45分が一般的で，7，8時間目まで毎日の授業が組み込まれている。そこには選択科目もあって，実質上受講するのは，1～6年生は4～6時間程度，7～9年生は5～7時間程度である。授業料，教科書は無償で，後者の使用は現場の裁量である。初等教育段階ではワークブックを用いる傾向がある。1学級当たりの児童・生徒数の基準はないが，一般には25名程度である。ただしフィン語（国語）や算数は，少人数クラス編成の傾向がある。第1～4学年の教育課程には，フィン語（国語），第二公用語（スウェーデン語），外国語，算数，環境・自然科学がある。第5～9学年には，生物，地理学，物理・化学，宗教または倫理，歴史がある。さらに第7～9学年では，健康教育，現代社会，音楽，美術，趣向，体育，家庭がある。進路指導は第7学年以降になっている。教科外では，メディア教育，キャリア教育，国際教育・異文化間教育，市民性教育，環境教育がある。

　休み時間には1～6年生の児童は，大雨や低温でない限り，屋外（校庭）で遊ばなければならないことになっている。学校給食も無償であって，午後の授業後およそ14時ころに終了する。基礎学校を終了すると後期中等教育である高等学校（ルキオ）や職業学校（アンマッティコウル）に進学する。どちらも授業料は無償である。ここで北欧諸国は，おおむね義務教育に入る前年まで，家庭の所得に応じて保護者負担の一部留保している。低所得者層の保護者に対しての負担は皆無となっている。

　ルキオ進学者は，その次には大学入学資格（Ylioppilastutkinto）を目指す。そこの教育課程には，フィン語，第二公用語（スウェーデン語），外国語，数学，生物，地理，物理，化学，宗教がある。職業学校では職業資格の取得を目標とする。ルキオの教育課程は，フィン語，第二公用語（スウェーデン語），外国語，数学，生物，地理，物理，化学，宗教・倫理，哲学，歴史，社会，心理学，

音楽，芸術，体育，健康教育，進路指導がテーマとなっている。

以上のように，ヨーロッパ各国では種々の教育課程を編成し実施している。教育・保育の質を向上するためには，各国が政治的主導でさまざまな投資を行っている。たとえばスウェーデンでは，特別基金の準備や地方での技術的経営能力の発展に対する支援を行っている。なおノルウェーでは，国家目標が定式化され，教育上の枠組みが構築されている。それらを基盤として，制度を横断する教育課程も新たに編成されている。

参考文献

赤星まゆみ（2009）「フランスにおける幼児教育・保育」『子どもの文化』第41巻第8号，60-67.

赤星まゆみ（2009）「乳幼児教育」大津尚志ほか編『フランス教育の伝統と革新』大学教育出版，82-90.

石井英真（2008）「アメリカにおける学力向上政策の教訓」田中耕治（編）『新しい学力テストを読み解く』日本標準，243-259.

OECD編，御園生純監訳（2006）『OECD教育政策分析－早期幼児期教育・高水準で公平な教育・教育的労働力・国境を超える教育・人的資本再考』明石書店.

OECD編，徳永優子ほか訳（2015）『図表で見る教育』明石書店.

小田豊・神長美津子編（2009）『教育課程総論』北大路書房.

大津尚志（2010）「イギリスの教育課程」『教育課程のフロンティア』（「第9章諸外国の教育課程2」）晃洋書房，89-93.

大津尚志（2010）「フランスの教育課程」『教育課程のフロンティア』（「第9章諸外国の教育課程3」）晃洋書房，93-97.

大津尚志（2011）「フランスの保育課程改革と保育の質の向上の追及」全国社会福祉協議会『保育の友』（8月号：特集諸外国の保育―保育の質向上の取り組みと実際）第59巻第10号，14-17.

小川正道（1976）『世界の幼児教育』第7版，明治図書.

小川正道（1971）『現代の幼児教育――海外の動向と進歩』（保育学講座4）第3版，フレーベル館.

オムリ慶子（2007）『イタリア幼児教育メソッドの歴史的変遷に関する研究』風間書房.

白井常（1984）『イタリア』（世界の幼児教育／幼稚園・保育園・保育所シリーズ8），

丸善メイツ．

白井常（1984）『オランダ・スウェーデン』（世界の幼児教育／幼稚園・保育園・保育所シリーズ7），丸善メイツ．

西美江（2010）「アメリカの教育課程」『教育課程のフロンティア』（「第9章諸外国の教育課程3」）晃洋書房，83-89．

二宮皓編（2014）『新版世界の学校』学事出版．

二宮衆一（2008）「イギリスにおける学力向上政策の動向」田中耕治（編）『新しい学力テストを読み解く』日本標準，261-276．

守屋光雄（1997）『海外保育・福祉事情　研修・有効・贖罪の旅』日本図書刊行会．

文部省（1979）『幼稚園教育百年史』ひかりのくに．

山本和美（2010）『幼児教育の質的向上に関する研究』風間書房．

吉田愛（2012）「フィンランドの教育」平成23年度武庫川女子大学卒業論文［未発表論文］．

馬場裕子「イギリスの教育制度」

https://www.gikai.metro.tokyo.jp/images/pdf/oversea/2101_4.pdf#search='%E3%82%A4%E3%82%AE%E3%83%AA%E3%82%B9%E3%81%AE%E6%95%99%E8%82%B2%E8%AA%B2%E7%A8%8B（2015/12/09）

（西本　望）

第8章
近年の教育改革の動向および今後の課題

　本章においては，日本教育史上，第3の転換期と目される近年の教育改革の基調となる思想について概観した上で，カリキュラム改革の動向を学力観に焦点を当ててみていく。具体的には改革の牽引となった新自由主義と新たな保守主義との融合合体が国家社会における教育計画にどのように影響したかを2000年前後の教育言説を頼りに浮き彫りにする。さらにカリキュラム・デザインへの市民参画が進められる今日にあって，学校コミュニティの創造等カリキュラム周辺領域の改革についても取り上げ，あわせて今後我が国の学校教育を中心とした計画に関する課題と展望を提示したい。

1　1990年代以降の教育改革の主要テーマ

　明治期の学制発布による学校教育の近代的整備を第1の転換期，第二次大戦後の民主主義的な教育変革を第2の転換期とすれば，1990年代以降の教育改革は第3の転換期とみなせる。この改革を牽引した原理の一つには，新自由主義があった。新自由主義の教育改革の特徴は，市場原理を基調としており，そのなかで効率性，功利性が重視される点にある。

　この新自由主義は，1970年代頃から，欧米において急速に勢力を得た思想であり，政策的にはアメリカのレーガノミクス，イギリスのサッチャリズム等いわゆる「小さな政府」を標榜する考え方である。日本では80年代半ばの中曽根内閣の時代にこの考え方が政策に採り入れられ，政策への本格的な思想的反映がみられるようになるのが2000年代の小泉内閣の時代である。これらの政策は，医療，福祉，教育といった公共サービスの公的財源による支出を縮減し，「多様化」と「弾力化」という基本的発想による「選択と自己責任」「自由競争」を目的として，その一部を市場に委ねる点に特徴をもっていた。

　こうした改革の下で教育においては，多様化，自由化，個別化が強調されるようになったが，これらの傾向には，他方で教育格差を拡大させる機能が含まれていた。なんとなれば，多様な選択肢があるなかで，自由な選択ができる子どもの背景には家庭の経済的・文化的環境があるからである。公的財源によってではなく，私的な選択として受ける教育にはしばしば経済的な対価が必要である。その対価については公費ではなく受益者負担となる。こうした教育格差，子どもの学力と家庭の経済的背景との因果関係については，教育社会学の分野においてしばしば指摘されてきたが，その他の要因として「持ち家率」「離婚率」「不登校率」の3つも学力格差に影響していることが明らかにされている（志水・高田　2012）。2009（平成21）年には文部科学省も「全国学力学習状況調査の分析・活用に関する専門家検討会議」において家庭の経済的・文化的格差ともかかわりをもつ基本的生活習慣，家庭でのコミュニケーションが学力に影響を及ぼすことを示す調査結果を公表した。

新自由主義による教育改革は，教育における多様化，自由化，個別化を推し進めたが，他方で効率性や功利性を究極的な価値とし，しかもこうした一元的価値観で個人の業績が測られることから，協働に基づく人々の関係性を喪失させ，マクロな視点では国や社会の紐帯を分断する働きをもっていた。かつて1990年代後半に教育課程審議会の会長を務めた三浦朱門氏の当時の発言は，こうした国や社会の紐帯の分断を，ある種肯定的に予見したものであったのかもしれない。「戦後五十年，落ちこぼれの底辺を上げることばかりに注いできた労力を，できるものを限りなくのばすことに振り向ける。百人に一人でいい，やがて彼らが国を引っ張っていきます。限りなくできない非才，無才には，せめて実直な精神だけを養っておいてもらえばいいんです」。彼のこの発言には「…労力を，できるものを限りなくのばす」という効率性，功利性重視の傾向が見出せると同時に，後の保守派による教育政策のキーワード「心の教育」「公共の精神」につながる言葉となる「実直な精神」が登場している。

　国や社会の紐帯の分断，換言すれば個人の国や社会へのアイデンティティの稀薄化は新自由主義によってもたらされたが，それを憂う声は主として新保守主義と呼ばれる論者からあがる。新保守主義は，伝統の尊重，愛国心や道徳意識の涵養を重視する立場をとる。個人に基軸を置く新自由主義とこの新保守主義とは一見相容れないイデオロギーであるが，先の三浦氏の発言が予言的に示しているように，エリート養成とその他の者に対する愛国心や道徳意識の涵養による国や社会の連帯という点では合意が得られた。

　このような新自由主義と保守勢力の合流により，従来の保守と革新勢力の対立軸は複雑化した。日本の教育は戦後から70年代まで，文部省（現文部科学省）と日本教職員組合（日教組），自民党と社会党という保守勢力と革新勢力との二極対立のなかで舵取りがなされてきた。とりわけ1958（昭和33）年に，それまで試案とされた学習指導要領が教育課程編成の基準となって以降，「教育における中央集権」か「教育の自由」かをめぐって対立構図が描かれてきた。ところが，こうした単純な二項対立図式では今日の教育は読み解けなくなっている。

　1990年代からの新自由主義を基調とする教育改革による産物，たとえば新学

力観,「ゆとり」といったものは,元々は革新勢力によってその重要性が主張されていた。しかし改革は革新勢力によってではなく,保守勢力と目されてきた文部省(現文部科学省)の手によってなされた。したがって,新学力観や「ゆとり」に対しては,革新勢力である日教組からも反発はなく,むしろ歓迎されていた感がある。いわば保守勢力が革新勢力の主張を取り込み,先取りする形で政策実現したのが1990年代以降の学習指導要領改訂であったといえる。

2 カリキュラム改革の動向
――学力観における子ども中心主義と大衆主義――

(1) 1990年代以降のカリキュラム改革の変遷

1987(昭和62)年の臨時教育審議会答申で提起され,1989(平成元)年の学習指導要領改訂時に採用された新学力観は,それまでの内容知を重視する「パフォーマンス(達成)モデル」から方法知を重視する「コンピテンシー(能力)モデル」へとシフトした。こうしたモデルで示される学力はそれぞれ「見えるペダゴジー」「見えないペダゴジー」に対応している。

「見えるペダゴジー」とは「学習内容や進度が厳格に定められ,教授者の意図や評価基準が見えやすい教授法」であるのに対して,「見えないペダゴジー」は「教授者の意図が容易には見えにくい教授法」である。後者には教科横断的カリキュラムである「総合的な学習の時間」に代表される問題解決能力の獲得を目指す教授法が含まれ,歴史的にみると教科主義に対する子ども中心主義,経験主義的カリキュラム全般がこうした教授法の側に含まれる。「見えるペダゴジー」から「見えないペダゴジー」へのシフトは,評価方法の転換ももたらした。すなわち従来までの子どもたちの認知的側面に関する評価に加えて,いわゆる「意欲,関心,態度」といった情意的側面の評価を盛り込む観点別評価が導入された背景にもこうしたシフトの影響がある。

「見えないペダゴジー」で追求される「コンピテンシー(能力)」は「〇〇力」と抽象的な表現で示され,文部科学省によると「単なる知識や技能だけではなく,技能や態度を含む様々な心理的・社会的なリソースを活用して,特定

の文脈の中で複雑な要求（課題）に対応することができる力」と説明されている。近年の日本における「生きる力」もこうした「コンピテンシー（能力）」を示す概念の一つである。周知のように「生きる力」は，「ゆとり教育」「総合的な学習の時間」とセットになって登場した概念である。1996（平成8）年の中央教育審議会答申「21世紀を展望した我が国の教育の在り方について」のなかで「これからの子供たちに必要となるのは，いかに社会が変化しようと，自分で課題を見つけ，自ら学び，自ら考え，主体的に判断し，行動し，よりよく問題を解決する資質や能力であり，また，自らを律しつつ，他人とともに協調し，他人を思いやる心や感動する心など，豊かな人間性であると考えた。たくましく生きるための健康や体力が不可欠であることは言うまでもない。我々は，こうした資質や能力を，変化の激しいこれからの社会を［生きる力］と称する」と述べられ，これを受け1998年改訂学習指導要領では「生きる力」が学力を表すキーワードとなった。こうした「生きる力」と新設「総合的な学習の時間」が結びついていたことは，「総則」にある次のような行からもわかる。「……総合的な学習の時間においては，次のようなねらいをもって指導を行うものとする。①自ら課題を見付け，自ら学び，自ら考え，主体的に判断し，よりよく問題を解決する資質や能力を育てること。②学び方やものの考え方を身に付け，問題の解決や探究活動に主体的，創造的に取り組む態度を育て，自己の生き方を考えることができるようにすること」。

　設置の直前より，「総合的な学習の時間」の是非については，教科書がなく，また教師の力量，学校の取り組み姿勢にその成否が左右されるとしてネガティブな声があがっていた。こうした「総合的な学習の時間」に向けられた批判的姿勢は「生きる力」に直接向けられたものではなかったものの，「学力低下」論争を経て，学習指導要領が出されて間もない2002（平成14）年に文部科学省が緊急アピール「学びのすすめ」を出すという異例の事態につながった。このアピールのなかで当時の遠山敦子文部科学大臣は「生きる力」を「基礎・基本を確実に身に付け，それを基に，自分で課題を見付け，自ら学び，自ら考え，主体的に判断し，行動し，よりよく問題を解決する能力や，豊かな人間性，健康と体力」と説明し直し，知的側面としては「基礎・基本を確実に身に付け」

たうえでの問題解決能力，すなわち「確かな学力」の向上を目的としていることを強調した。いずれにしても1998（平成10）年の学習指導要領以降，パフォーマンス（達成）が目に見える形の従来型学力よりも，「自分で課題を見付け，自ら学び，自ら考え，主体的に判断し，行動し，よりよく問題を解決する能力」といった教師の意図や評価基準の見えにくいコンピテンシー（能力）が学力観のなかで重要な位置を占めるようになる。

さらに2000年代になってOECD（経済協力開発機構）のPISA調査で日本の成績が低かったことをきっかけに，フィンランドの教育方法に国内の識者の注目が集まり，そのなかで「PISA型学力」と称されるキー・コンピテンシー概念が強調されるようになる。「キー・コンピテンシー」は文部科学省の説明によると「社会・文化的，技術的ツールを相互作用的に活用する能力」「多様な社会グループにおける人間関係形成能力」「自律的に行動する能力」という3つの能力から構成され，個人が深く考え，行動することを目的とし，「目前の状況に対して特定の定式や方法を反復継続的に当てはまることができる力だけではなく，変化に対応する力，経験から学ぶ力，批判的な立場で考え，行動する力」を向上させようとするものである。

キー・コンピテンシーに代表される今日の学力観の登場の背景には，「ハイパー・メリトクラシー」（ハイパー（超）なメリトクラシー（能力主義））時代の到来がある。本田によるとこのような時代においては，見える学力だけでなく，意欲，創造性，柔軟な対人関係能力等，あらゆる能力が社会において求められる。こうした能力を本田は「ポスト近代型能力」と呼称している（本田2005）。この本田のハイパー・メリトクラシーの社会は，文部科学省が「生きる力」を強調する論拠とする，変化が激しく，常に，新しい未知の課題に試行錯誤しながらも対応することが求められる社会，いわゆる「知識基盤社会」(knowledge-based society) という社会観とも一致している。その特徴は次の4つに集約される。すなわち「一，知識・情報・技術には国境がなく，グローバル化が一層進む。二，知識・情報・技術は日進月歩であり，競争と技術革新が絶え間なく生まれる。三，知識・情報・技術の進展は，旧来のパラダイムの転換を伴うことが多く，幅広い知識と柔軟な思考力に基づく判断が一層重要にな

る。四，性別や年齢を問わず参画することが促進される」（中央教育審議会答申，平成17年1月28日）。ここに示されるように，世界的規模で知識・情報・技術が日々目まぐるしく変化し，思考の枠組みの変革も伴うなか，柔軟に対応していくには，適宜必要な知識・情報・技術を入手できる方法知の獲得と，しかも「学び続ける」という学習の継続性が求められるのが知識基盤社会の特徴である。

　問題は，先に述べたように，こうした「キー・コンピテンシー」「ポスト近代型能力」といったコンピテンシー・モデルでいわれる学力が家庭の経済的・文化的背景に依存していることである。厳密にいえば，こうした能力獲得を目的とする教育では，基礎的基本的な知識の習得を学校教育に依存しない子どもほど教授者の意図を読み取ることに長けているということである。もとより問題解決能力は基礎的基本的知識とは独立して存在している力ではない。

（2）カリキュラム構成原理としての子ども中心主義

　近年のカリキュラム改革の変遷をながめるとき，「ゆとり教育」や「総合的な学習の時間」の設置と，それに対する「学力低下」を危惧する声による教育政策転換は，戦後日本のカリキュラム構成原理となってきた子ども中心主義と教科中心主義の二項対立としてとらえることもできる。前者の子ども中心主義は，一般的に1930年代前後のアメリカにおける進歩主義教育思想のなかにその起源をもつ。このアメリカ進歩主義教育思想と子ども中心主義の考え方は戦後日本の教育改革にも影響を与えたことが周知の史実となっている。アメリカにおける教育哲学者にしてプラグマティストのジョン・デューイ（Dewey, J.）はこの思想の旗手として紹介される。デューイ自身，自らが子ども中心主義であると公言してはいなかったが，しばしばアメリカ教育史において，『学校と社会』（*The School and Society*, 1900）のなかでの次の一節が引き合いに出されて，彼は子ども中心主義者として紹介される。「旧教育は，これを要約すれば，重力の中心が子どもたち以外のところにあるという一言につきる。重力の中心が，教師，教科書，その他どこであろうとよいが，とにかく子ども自身の直接の本能と活動以外のところにある。それでゆくなら，子どもの生活はあまり問題に

ならない。……このたびは子どもが太陽となり、その周囲を教育の諸々のいとなみが回転する。子どもが中心であり、この中心のまわりを諸々のいとなみが組織される」(『学校と社会』)。

　1950年代末のアメリカにおいては、ブルーナー (Bruner, J. S.) らの認知心理学を背景に「教育内容の現代化」を標榜する大規模なカリキュラム改造がなされ、そのなかでデューイや進歩主義教育思想は批判の対象となった。その後1970年代のアメリカは「学校の人間化」というスローガンの下、1960年代の学問中心のカリキュラムから方向転換が図られた。

　日本においても、戦後今日に至るまでアメリカ教育思想の影響を受けつつ、時間差はあるもののアメリカ教育界の動きに連動する形でカリキュラム改革が行われてきた。それは先述したように、子ども中心主義と教科中心主義とを対立軸として、両軸の間を揺れる振り子のようにである。2000年前後の「ゆとり教育」の是非にかかわる学力論争も、「総合的な学習の時間」に関連して子どもの経験重視か、それとも従来の教科の枠組みのなかでの系統性重視かという問いの立て方は、前者が子ども中心主義、後者が教科中心主義の考え方を継承したものといえる。

　小玉重夫はこのような問いの立て方、すなわち子どもの経験が大事かそれとも教科の論理が大事か、「ゆとり教育」の維持かそこからの脱却か、といった問い方自体が広義の子ども中心主義に含まれると指摘する (小玉 2013)。子ども中心主義とは、文字通り教育を学習者である子どもの側からとらえる見方である。小玉によると、戦後から今日に至るまでの、経験重視か系統性重視か、ゆとり教育か詰め込み教育かという問い方は、一見すると対立しているようでいて、教育を学習者である子どもを中心にみている点で共通している、という。小玉が子ども中心主義と呼んでいるものは、ものの見方を規定している基盤であり、特定の立場である狭義の「子ども中心主義」とは区別される。こうした見方は「学力や教育というものを、教える側、あるいは教える側の背景にある政治や権力などとの関係で見ないで、あくまでも学習者である子どもの側の問題として学力の問題をとらえる」(小玉 2013 : 45) ことに特徴をもっている。教育に際して、子どもの生活経験と知識との結びつきを重視する経験主義の立

場も経験主義では子どもに確かな学力が身に付かないと批判している系統主義の立場も，子どもにとって何が必要なのかという議論では共通しており，両者ともに政治や社会の論理よりも子どものためという視点を強調している点で子ども中心主義である。

（3）「コンピテンシー（能力）」概念の背景にある大衆主義

　今日，学力に関しては，公的な学力として，公教育が責任を負うべきことと，選抜の問題，職業選択や受験等の公教育の範囲外の事項が往々にして整理されないまま語られる。そのなかで「やればできる」「子どもには無限の可能性」という言葉が，誰もが身に付けておくべき公的な学力の射程外にも用いられ，議論が混迷している。たとえば今日の学校は，知識の伝達のみならず，進路における選抜機能も担っている。特に義務教育を終える段階での成績評価はその学校段階にとどまらず，それを基に上級学校に振り分けられる。この場合，学校は「選抜」という観点からまさにゲートキーパー（門番）的な役割を果たしている。このゲートキーパー（門番）は，在校中に子どもたちが修めた成績によって進路を振り分けている。

　こうした「選抜」に対応するために必要となる学力は，誰もが平等に身に付けることが求められる類のものなのだろうか。言うまでもなく，競争とは希少資源を獲得するために競い合うことである。誰に対しても平等に資源が分配されるところに競争は起こらない。こうした前提で考えると，選抜され，競争に勝つための学力と，公教育が広く国民全体にたいして責任を負う学力とは異質である。それにもかかわらず学力に関しては，公的な領域の議論に本来私的な領域で為される議論が入り込み，すべてが「学力」という言葉でまとめられている感がある。こうした議論においては，本来私的な領域で選択的に身に付けられる能力も，「やればできる」「子どもには無限の可能性」という教育理念に支えられた「大衆的」「民主的」な能力平等主義的観点から，みんなが同じように身に付けなければならない公的な能力に置き換えられる。

　こうした混乱は教育課程編成にも影響してくるが，実は2000年直前の教育課程審議会等の教育改革論議のなかですでに表面化していた。たとえば，先にあ

げた三浦朱門氏の言葉にあるように，エリート教育か「落ちこぼれ」をなくすための教育かという問いの立て方は，暗に誰にも開かれた教育とそうでない教育とを前提にしており，特に前者は選抜的，選別的に与えられる類の教育を意味していた。三浦氏の主張では，他方で，エリート教育の埒外に置かれた者に対しては「実直な精神」を身に付けるよう推奨されていた。「実直な精神」を養う心の教育は，本来的には子どもたちみんなが身に付けるべきものであるが，選別的，選抜的なエリート教育の「学力」とそうでない教育によって身に付ける「力」との対照関係のなかで語られることにより，本来もっている公的なニュアンスが見事に消し去られてしまっている。

　今日の状況はさらに深刻かもしれない。「自己責任」という考え方の強調により，子どもたちの教育に対する責任主体も受益者とその保護者に帰される傾向にある。私的領域と公的領域における「学力」概念の混乱は，公的に保障される学力も，自己責任によって獲得されるものとの錯覚をもたらしている。たしかに私的領域における選抜的，選別的な学力は自己責任によって獲得されるものであるし，またそうあるべきであるが，基礎学力等公的な責任において，その獲得が保障されなければならないものまでも，身に付けることができない場合は自己責任，という具合にである。2006（平成18）年の改正教育基本法において第10条「家庭教育」，第11条「幼児期の教育」の項目が加わり，学校教育，社会教育とならび家庭における教育の重要性が強調されるに至っている。こうした流れを受け，各都道府県レベルにおいて「家庭教育支援条例」が制定されている。たとえば熊本県で制定された家庭教育支援条例の前文には次のように書かれている。

　　　家庭は，教育の原点であり，全ての教育の出発点である。基本的な生活習慣，豊かな情操，他人に対する思いやりや善悪の判断などの基本的な倫理観，自立心や自制心などは，愛情による絆で結ばれた家族との触れ合いを通じて，家庭で育まれるものである。…（中略）…しかしながら，少子化や核家族化の進行，地域のつながりの希薄化など，社会が変化している中，過保護，過干渉，放任など家庭の教育力の低下が指摘されている。ま

た，育児の不安や児童虐待などが問題となるとともに，いじめや子どもたちの自尊心の低さが課題となっている。これまでも，教育における家庭の果たす役割と責任についての啓発など，家庭教育を支援するための様々な取組が行われてきているが，今こそ，その取組を更に進めていくことが求められている。こうした取組により，各家庭が改めて家庭教育に対する責任を自覚し，その役割を認識するとともに，家庭を取り巻く学校等，地域，事業者，行政その他県民みなで家庭教育を支えていくことが必要である。

(くまもと家庭教育支援条例前文)

ここに述べられているように，「基本的な生活習慣」や「豊かな情操」等の教育に対し，家庭が第一義的責任を負うことは否定すべくもないが，全面的に家庭に責任を負わせてしまうわけにはいかない。子どもたちの広義での「学力」には学校，家庭，(地域)社会の三者が共同で責任を負うものであり，子どもたちに「学力」が身に付かない原因を，学校あるいは家庭の責任に帰するのは短絡しているといえる。

いずれにしても，教育課程編成の際の混乱を避けるために，学校において公的に保障されなければならない学力とは何なのか，学校を取り巻く家庭，(地域)社会で責任を分担する子どもたちへの働きかけはどのようなものなのか，もう一度整理する必要があろう。

3 カリキュラム周辺領域の改革——学校コミュニティの創造

(1)「新しい公共性」とコミュニティ・スクール

教育課程編成に関しては，従来は国家的または政治的・経済的・社会的規定要因(国家レベル)，学校で編成される教育課程(学校レベル)，個々の教師が計画し，実施する教育課程(教室レベル)の三層構造で語られてきた。教育基本法，学校教育法を遵守し，学習指導要領に則りつつ，基本的には学校，教師主導で各学校における教育活動は計画されてきた。

このような国を背景とする学校，教師主導の教育課程編成に変革がもたらさ

図8-1　コミュニティ・スクールのイメージ

出所：「コミュニティ・スクール（学校運営協議会制度）」文部科学省HPより。

れるのが，1990年代から2000年代に登場した「新しい公共性」という概念であり，学校教育においてはその派生としてコミュニティ・スクールの整備によってである。こうした動きは2006（平成18）年に改正された教育基本法によっても後押しされた。改正教育基本法には旧法にはみられなかった「学校，家庭，地域住民等の相互の連携協力」という文言が第13条に盛り込まれている。改正にあたって衆議院特別委員会で当時の小坂憲次文部科学大臣は次のように述べ，子どもの教育に果たす家庭，地域社会の役割を重視する姿勢を明らかにした。「子供の健全育成，そして，教育の目的を実現する上での学校，家庭，これらが大きな役割を担っていることからかんがみて，地域社会の果たすべき役割も非常に大きくなっておりますので，この三者がそれぞれに子供の教育に責任をもつとともに，相互に密接に連携協力して教育の目的の実現に取り組むことが重要」であると。

コミュニティ・スクールとは，学校運営協議会が設置された学校の総称であり，学校と保護者，地域住民が協働し，「熟議」を通して「地域とともにある学校づくり」「地域に開かれた学校づくり」を推進する仕組みである。ここにいう「学校運営協議会」は，保護者や地域住民，有識者等から構成され，次の権限をもつ。

① 学校運営に関して，教育課程編成その他教育委員会規則で定める事項

について，校長が作成する基本的な方針の承認を行う。
② 学校運営に関する事項について，教育委員会または校長に対して，意見を述べる。
③ 学校の教職員の採用その他の任用に関する事項について，任命権者に対して直接意見を述べることができ，その意見は任命権者に尊重される。

このように保護者，地域住民の声として，学校運営，教育活動に関して意見を述べられることから，学校運営協議会は学校における教育課程編成に対して，今後少なからず影響力をもってくるものと予想される。

このコミュニティ・スクール構想は，カリキュラム論，政策論の双方からの流れが合流することによって生まれた。すなわち，コミュニティ・スクールという考え方は，前者に関しては学社融合を説く学校・地域連携論，後者に関しては地方分権政策による地域の創意工夫を活かした特色ある学校づくり論の流れを汲む。歴史的にみると，1990年代に登場したアメリカのチャータースクール*の基本精神と1980年代末に成立したイギリスの「学校理事会」を中心に置く「地域による学校経営」(Local Management of Schools) の制度論が日本的にアレンジされたものといえる。こうした両国の取り組みはともに，学校運営における市民参画と教育成果等に対する厳格な説明責任（アカウンタビリティ）を伴う学校運営のあり方であった。日本においても，学校運営に多様な人々の意見を取り入れ，専門家である教員による教育活動に客観性をもたせること，保護者や地域住民に対しては，学校運営に参加することで子どもたちの教育に関して当事者意識をもつことが期待されている。

　　＊チャータースクールは子どもたちの学力向上を目指して，学校の創意工夫を引き出そうとする教育改革のなかから生まれた新しいタイプの公立学校で，親や教員，地域の団体などが自分たちの理想とする教育計画を地方教育委員会に提出し認可を得ることで公費によって学校を運営できる。

（2）教育課程変革へのコミュニティ・スクールの可能性

教育課程との関連では，コミュニティ・スクール設置により，保護者や地域住民の協力によって，職場体験，総合的な学習の時間が企画される等，授業が

地域の物的人的資源を利用して創り上げられる可能性をもつようになっている。

　熊本県の北部に位置する玉名市では平成26年度までにすべての中学校のコミュニティ・スクール化が完了する。そのなかの一校となるA中学校では「豊かな心と確かな学力を身につけ，たくましくいきる生徒の育成」を全体目標に掲げ，学校においては授業改善，校務改革を背景に，生徒がお互いを認め合い，主体的に学習に励むよう日々の教育実践に努めている。このような学校における日々の教育実践のなかで，とりわけ保護者，地域住民の参加が意味をもつのがキャリア教育である。「キャリア教育」という言葉が登場したのは，1999（平成11）年中央教育審議会答申「初等中等教育と高等教育との接続の改善について」においてであったが，従来の職業指導に代わる概念として，「望ましい職業観・勤労観及び職業に関する知識や技能を身に付けさせるとともに，自己の個性を理解し，主体的に進路を選択する能力・態度を育てる教育」と定義された。どういう職業選択をするかだけでなく，なぜ働くのかということも含めた，「生き方教育」ともいえる広い概念である。

　A中学校コミュニティ・スクールにおいては，生徒の自己肯定感の低下からくる学習意欲の欠如に対する改善を重視し，子どもたちの生き方に夢を与え，様々な大人の姿を参考に，充実した中学生活を送ることがきるよう，総合的な学習の時間を中心に，地域の人材活用がなされている。A中学校においては，総合的な学習の時間等で，「どういう職業に就くか」はもちろんのこと，「どういう大人になりたいか」ということを生徒たちに考えさせるため，大人のモデルとして保護者，地域住民が彼らの前に立つ。

　コミュニティ・スクールにおける「学校の応援団」的な役割を通して，保護者，地域住民は，A中学校の取り組みを理解し，一人ひとりの生徒を教育することにおいて教員と課題を共有するようになり，学校を中心として，三者によるA町コミュニティ共創につながっていくことが期待されている。

　保護者，地域住民にとっては，いきおい閉鎖的になりがちな学校の状況を知り，教育活動に参画する機会が得られ，学校，教員にとっては，学校経営方針を理解してもらったうえで保護者，地域住民からの力強い支援を得ることができる。さらに子どもたちにとっては，教員，保護者との間の「縦」の関係，友

だちとの間の横の関係のみならず，地域住民との間の「斜め」の関係が構築されることによって，評価と学習動機づけに複眼的視点がもたらされる機会となる。それに加えて重要なのは，子どもたちの間に「町のために」と地域に目を向けるようになり，地域行事への参加も促進される。

こうした取り組みは，教育において何が公的で何が私的か，すなわち公教育として学校や社会が責任を負うものと受益者個人の選択と責任によって身に付けるものとを，教員，保護者，地域住民で確認するための重要な仕掛けでもある。学校，家庭，地域をあげて子どもたちに是非とも修得させたい知識，技能，態度こそがパブリックな意味を持ち得る。

4　今後の課題と展望

以上，本章では1990年代以降の教育改革の背景およびその過程における学力観の変化と学校教育への市民参加という点を中心に述べてきた。それぞれ今後の課題と展望を述べて本章のまとめとしたい。

(1) 学力におけるパフォーマンスとコンピテンシーの両立

パフォーマンス・モデルからコンピテンシー・モデルへの移行が子どもたちの間の学力格差の原因のうちの一つであることについては述べた。パフォーマンス・モデルでは達成によって獲得される知識・技術の中身が重視されてきた。他方コンピテンシー・モデルでは，達成によって獲得される知識・技術の中身に重点を置くのではなく，こうした知識・技術の獲得をもたらす態度・技能に重点を置く。今後，総合的な学習の時間の教授理論が各教科をはじめその他の教育課程に入り込むことで，場合によってはますますこの傾向は強まるのではないかと思われる。すでに述べたように，従来のパフォーマンス（達成）尺度が明確に示される学力の場合，子どもたちからも教師の意図が「見える教え」であり，教師の側からも子どもたちの「できる」「できない」の判別がしやすいという特徴をもっていた。今日のグローバルでハイパー・メリトクラティック（超業績主義的）な社会で重要視されている成果につながる行動の様式や特

性という意味での「コンピテンシー」という言葉が当てられる学力は，子どもたちの側からは教師の意図が読み取りにくく，教師の側からは子どもたちの「できる」「できない」が判別しにくいという特徴になっている。

　問題は，コンピテンシーがどちらかというと発展的応用的な側面をもっていることである。したがって，コンピテンシーの重要性が強調され，パフォーマンスが軽視されるにしたがって，基礎基本となる知識，技術を身に付ける機会が縮減されることによって，学校教育に基礎学力の多くを依存する子どもにとってデメリットも発生する。自ら課題を見つけ，調べ考えるというプロセス自体が相応の基礎学力を前提にしていることについては異論がなかろう。

　グローバルな国際社会で競争力を身に付けるという目的を否定するつもりはないが，こうした競争力自体がすべての子どもたち，国民が身に付けておくべき学力，能力なのか。視点を移し，すべての子どもたちに公教育が保障しなければならない学力とは何であるか，こうした意識が不明確なまま「時代の趨勢」として進めていくには，あまりに代償が高くつくように思われてならない。この代償として懸念されるのが，すでに述べたように，教育格差の拡大である。将来的にコンピテンシー・モデルへの転換はやむなしとしても，その過程においてパフォーマンス・モデルの教育が全面的に否定されるのは早計だろう。とりわけ公教育としての学校教育，殊に義務教育においては，基礎基本の定着を確かめるための可視化された尺度が必要である。こうした意味合いにおいて，達成度を測るパフォーマンス・モデルと自ら課題設定し問題解決する発展的，応用的思考を育成するコンピテンシー・モデルの併用が求められる。

（2）カリキュラム案出への市民参加

　何がすべての子どもたちに保障されるべき学力であるか。こうした問いをローカルな視点で考える仕掛けが，先述したコミュニティ・スクールであろう。子どもたちに学力を身に付ける責任は，学校単独で負うものでもなく，ましてや家庭，地域社会で単独で負うものでもない。時間と空間という制約のなか，子どもたちにどのような力を身に付けなければならないかを，教育に関する諸法令を遵守しながら，学校，保護者，地域住民で検討し，その学校，学区に相

応しいカリキュラムを案出することは，教員，保護者，地域住民が子どもたちの教育に対する責任主体としての当事者意識をもつために必要である。

　行政や司法を含めて今日では市民参加が求められる，あるいは市民目線での運営が求められる社会になっている。医療や福祉の領域では，旧来の医師や支援者のもつパターナリズム（具体的には治療や支援における患者や利用者の意見が反映されることがない状況）に対する批判から，利用者本位による自己決定が重要視されている。「新しい公共」型学校であるコミュニティ・スクールもこうした流れの延長線上にあり，教育における「市民目線」を尊重する仕掛けでもある。

　一般に「市民目線」の強調は，専門職者の専門性を軽視する可能性を孕んでいる。市民の声も無反省に政策に採り入れられるとなると，それは単なる大衆迎合という意味合いでのポピュリズムに堕する危険性もある。このようなことを踏まえ，「新しい公共」型学校であるコミュニティ・スクールは，学校，家庭，地域の人々の熟議を基調としなければならない。

参考文献

阿部彩（2008）『子どもの貧困――日本の不公平を考える』岩波新書．

阿部彩（2014）『子どもの貧困Ⅱ――解決策を考える』岩波新書．

天笠茂（編集代表）・小松郁夫（編著）（2011）『学校管理職の経営課題　第2巻　「新しい公共」型学校づくり』ぎょうせい．

岸本裕史（1981）『見える学力，見えない学力』大月書店．

小玉重夫（2013）『学力幻想』ちくま新書．

斎藤貴男（2002）『機会不平等』文藝春秋．

志水宏吉・高田一宏（編著）（2012）『学力政策の比較社会学【国内編】――全国学力テストは都道府県に何をもたらしたか』明石書店．

橘木俊詔（2010）『日本の教育格差』岩波新書．

ジョン・デューイ，市村尚久訳（1998）『学校と社会／子どもとカリキュラム』講談社学術文庫．

苫野一徳（2011）『どのような教育が「よい」教育か』講談社選書メチエ．

苫野一徳（2014）『すべての子どもに〈生きる力〉を』講談社現代新書．

本田由紀（2005）『多元化する「能力」と日本社会――ハイパー・メリトクラシー化

のなかで』NTT 出版.
増田ユリヤ（2009）『新しい「教育格差」』講談社現代新書.

（山本孝司）

第9章
教育課程が登場するまで
——西洋における教育理念と教育方法の歴史的展開——

　ヒストリア（英語 history の語源）とは，古代ギリシアの歴史家で歴史学の父でもあったヘロドトスの言葉である。教育は時間と空間の制約を受け，常に変化すべき側面と普遍的側面とに分類される。この章では，教育課程が登場するまでを各時代の教育学的な貢献者を中心に時系列に学んでゆく。

1　西洋古代の教育理念

　現代の学校制度は，過去の教育理念や教育実践の反省を踏まえ整備され構築されてきた。学校教育の教育課程が現代の形に至るまでにはさまざまな問題を克服し改善を目指してきた。今後もより充実した教育制度が希求されてゆくであろうが，忘れてはならないことは教育課程が登場するまでどのような経緯で達成されたのかということである。そのため歴史を知る必要がある。

　学校（英 school）は，元々古代ギリシア語のスコレー（暇）にまで遡り，有閑階級の人々が労働の必要性がないために学問に専念できたことを意味し，当時，学校に通うことのできた人々は僧侶階級や貴族に限定されていた。また制度としての学校や教育機関は古代ギリシア時代頃に登場し，パイダゴーゴス（家庭教師，少年を学校に連れて行く召使い）やソフィスト（職業的教師），パイデウシス（教場・学校）が登場した。

　西洋文化の根源は古代ギリシア思想にあった。学問，科学，芸術，建築，そして教育は，その源を古代ギリシアに負うているといっても過言ではない。古代ギリシアの詩人ホメロスは『イリアス』『オデュッセイア』を残し，ヘシオドスは『神統記』『労働と日々』を残して，騎士道や道徳，指導者，勤勉などの内容をそれぞれ教訓として伝えている。

（1）ソフィストたち

　古代ギリシアの黄金期（B.C. 5〜4C）には，社会の発展とともに価値に対する思想が深化した。ソフィスト（職業的教師）の代表者プロタゴラス（B.C. 500〜B.C. 430頃）は「万物の尺度は人間である」と標榜して価値の相対性を強く主張した。これに対してソクラテスは鋭く応じて，価値の自然，本質を主張し自然主義を主張した。ここにおいて教育活動が目的との関連で初めて大きく分岐し始めることとなる。

第 9 章　教育課程が登場するまで

図 9-1　アテネの学堂

（2）ソクラテス

　ソクラテス（B.C. 469〜B.C. 399）は，自らの教育活動を産婆術になぞらえ，対話相手の「偽なる信念（ドクサ）」を産み出し「無知の知［自覚］」へともたらす手助けを，対話を通して行った。このソクラテスによる一連の教育活動のことを産婆術［助産術］と言い，彼の教育方法を対話法（英 dialogue）という。教育課程との関連については，彼は対話によって自らの信念に基づいて教育活動を行ったため，自己の強い教育的信念と倫理的命題に基づいて教育課程を構築していたと言ってよい［これをエレンコス（論駁）という］。通俗倫理の極みをゆくソフィストたちとの対話が有名である。

（3）プラトン

　プラトン（B.C. 427〜B.C. 347）は西洋を代表する思想家である。彼はイデア（観念）を事物の究極原因としてとらえ，感覚による認識に対して警告を発した。代表作『国家』第 7 巻の「洞窟の比喩」において，彼は教育を受けない者と受ける者との相違を説明する。私たち人間の多くは，彼が主張するように洞窟内部で地上にある太陽の光を観ずに，後方から照らし出される火によって洞窟の奥壁に映し出された似像の，いわば感覚的認識によって成立する存在である。認識を感覚により充足させるのではなく，思惟による認識を目指し，私た

ち人間は教育によるいわば「魂の向け変えの術」によってイデア（太陽）を認識する存在にまで高められなければならない。ここに彼の教育課程が表れており，人間が目的（イデア）を目指して教育によって進歩・発展してゆく存在が描かれている。同じく『饗宴』においても，プラトンはエロース（愛）による自己向上の役割（効用）について指摘し，学習者の目的と手段について教示している。

（4）アリストテレス

プラトンの学園アカデメイアにおいて約20年間学んだアリストテレス（B.C. 384～B.C.322）は，万学の祖として名高い。彼はマケドニアのアレキサンダー大王の家庭教師として，自らの学校リュケイオンを創立した。代表作『ニコマコス倫理学』は，人間形成の書として習慣（エトス）が人柄（エートス）を形成すると強調し，『政治学』においては教育内容として読み書き，図画，体操，音楽を挙げ，それぞれの効用性について検討を加えている。教育は政治学に属し，最善の国家形成のために教育は必要であるとの認識のもとに，為政者による教育制度の在り方の検討が重要となっている。為政者は幼少期から子どもの教育に配慮を行い，有害な作用を回避させるべきであると，同書は論じている。

（5）ローマの教育：キケロ，セネカ，クィンティリアヌス

ローマ時代の教育ではギリシアの教育と比較して実用性が重視された。教育においては読み書き計算（3R's）が重視され，また青年教育においては政治に焦点を充てた教育が重視され，弁論術，法学などが盛んで教育方法も暗記を中心とした。同時代においてはキケロ，セネカ，クィンティリアヌスの教育者としての活躍が特筆される。

キケロ（B.C. 106～B.C. 43）の著作はラテン文学の模範とされ，人文主義的教養理念を示すものしてルネサンス時代にも再評価された。著書には『義務について』，『友情について』等があり，早期教育の推奨，暗記教育の推奨を述べている。またセネカ（B.C. 4～A.D. 65頃）は，暴君ネロ皇帝の家庭教師として命ぜられたが，自らの教育力によって歪んだネロの性格をただすことはできなかっ

表9-1　モンテ・カシノにおける日課表

〈冬期〉

2：00　午前	夜課（現代の朝課）のため起床
2：10～3：30	夜課
3：30～5：00	読書
5：00～5：45	讃歌
5：45～8：15	読書，一時課を含む（20分間）
8：15～2：30	労働，三時課，六時課，九時課によって中断（各10分）
2：30～3：15	昼食
3：15～4：15	読書
4：15～4：45	晩課，軽い夕食（読書），終課
5：15	この時間までに就寝

〈夏期〉

1：00～2：00	夜課
2：15～3：00	読書
3：00～4：00	讃歌
4：30～9：15	一時課，労働
9：30～11：30	読書
11：45～2：00	午睡
2：00～6：30	労働
6：30～7：00	晩課
7：00～7：30	夕食，読誦廊下
7：30～8：00	終課，就寝

た。著書には，『怒りについて』『寛容について』などがある。クィンティリアヌス（35～100頃）は，代表的なローマの教育者であり，弁論術教育家として有名である。彼の著『弁論家の教師』は，ルネサンス時代に発見され再評価されたが，その内容は真の弁論家を養成することにあるとした。

2　西洋中世の教育理念

　西洋中世は，キリスト教の時代であり神の時代である。古代世界の哲学を重視する教育とは異なり，神学を絶対的な価値とする教育が中心となる（「哲学は神学の婢（はしため）である」といわれるゆえんである）。
　ところで，この中世一千年に及ぶ教育への貢献は，「暗黒の中世」等と主張されていて一般にはあまり評価されていない。だが，学校制度（修道院制度の確立とともに，付属の学校が整備される。修道院学校，大学）が確立されるのがこの中世時代においてであり，近代社会への準備期間であった。

(1) 自由七科(七自由科)の成立

自由七科(七自由科)とは中世の高等教育の教育課程のことである。これは当時の知識人(主として聖職者)が身に付けるべき内容を反映して登場した教育課程のことで,三学(文法,修辞,弁証[論理学])と,四科(算術,幾何学,天文学,音楽)に分類される。自由七科の成立には,M.カペラやカシオドロスらが貢献した。建築学や絵画などの他の学問が候補として考えられたり脱落したりするなど,確定するまでには紆余曲折があった。知識人と

図9-2 知識の塔

して当然身に付けるべき教育内容として登場した自由七科ではあったが,当時,学問の頂点(最終段階)には神学が位置づけられており,神学の修得によって完成するととらえられていた。図9-2にあるように,塔に描き出されている女神たち(各学問を象徴)の教えを経由して頂点へと到る過程が,教育課程そのものといえるのである。

(2) 大学の成立

現代の高等教育の源泉は,この中世時代にイタリアやフランスにおいて承認されてきた各大学の成立にある。すでにイタリアではヨーロッパから中東やアジアへの中継地点として都市が栄え,そのため学問が栄えることとなり教育機関としての大学の登場をみるに至った。代表的な大学としては,サレルノ大学(医学),ボローニア大学(法学),パドヴァ大学(法学)などが有名である。その後12世紀頃にはフランス・パリにパリ大学(神学)が成立する。こうした大学では,教員の組合,学生の組合が組織され,学生の組合は授業料や教育内容をはじめ,教育方法の在り方にまで影響を及ぼす大きな要因となった。アベラール(1079~1142)は,エロイーズとの恋愛物語で有名であるが,彼の手紙

からは当時の大学教育の様子をうかがうことができ，またペトルス・ロンバルドゥス（?〜1160頃）の『然りと否』（Sic et Non）は討論のための教科書として活用され，講義法はこの時代の産物であり，一斉授業（図9-3）の形態もこの大学の発生に由来する。

中世時代においては未だ教育は大衆化されておらず，騎士のための学校やギルドのための学校などがあった。また中世キリスト教の時代においてはカトリックの時代を超えて展開されることはなく，庶民（信者）を対象とした

図9-3　一斉授業

教育の充実が展開されるためには，次のルネサンスや宗教改革の時代を待たなければならなかった。

3 ルネサンス・宗教改革・反宗教改革の時代の教育理念

ルネサンスとは「再生」を意味し，14〜16世紀にヨーロッパで展開された文芸復興運動のことを指す。もちろんカロリング・ルネサンス，オットー・ルネサンス，12世紀ルネサンスなど，各時代の文芸奨励活動と関連づけられてルネサンスという用語が使用されることもあるが，ここでは14〜16世紀に北イタリアで発生し，その後西ヨーロッパ各地に波及して新しい文化芸術活動の復興として人間の再発見が促されたイタリア・ルネサンスとその後の展開に限定したい。

その時代の代表者として，早くはダンテ（1205〜1321）の登場をみることができ，ペトラルカ（1304〜1374），ボッカチオ（1313〜1375）の文学者が中世の価値観に対して批判的皮肉的な内容を展開し，人間本位の考え方を示そうとした。彼らの念頭には本来の人間観に基づく思想があって，そこから個性，美，調和

などの価値観が高まっていった。またこの時代の三大芸術家（ミケランジェロ，ダ・ヴィンチ，ラファエロ）などの一級の芸術家たちは万能人の典型として，工房をもちながら弟子たちを指導し，芸術のみならず創作活動に生きる様を実証してみせた。

ピコ・デラ・ミランドラ（1463〜1494）は『人間の尊厳について』を残し，人間の自由意志を尊重して，あらゆるものになれる可能性を主張した。この頃，女子教育への提唱を行いイタリアのマントヴァに学校を設立したビットリーノ・ダ・フェルトレ（1378〜1446）の存在も重要である。同じくドイツではグーテンベルグ（1398〜1468）がドイツのマインツで活躍し，印刷書物の発行（1455）に成功している。これはメディア革命として位置づけられ，教育方法として有効な書物の登場を意味している。

またイギリスが生んだ経験論の代表でもあるフランシス・ベーコン（1561〜1626）は，帰納法という学問的思考方法を見出し，従来主流であった演繹法に取って代わる新しい教育方法を提唱し，特に科学思想の発展に貢献することとなる。

また15世紀から16世紀にかけては，宗教改革が特筆される。宗教改革とは従来のローマ・カトリックの権威的形式的側面について抗議（プロテスト）する運動から出発し，信仰は個人的問題に帰着するものとして聖書中心の信仰生活を強く主張する立場であり，一部は過激な運動となった。プロテスタントはカトリックの旧教に対し新教ともいわれ，信仰生活を充実させるため，現代の福利厚生教育の分野においてさまざまな活動を展開した。1524年には最初のプロテスタントによる都市学校が開始されている。

反宗教改革は，プロテスタントがヨーロッパ中で勢力をもち始めるなか，カトリックはそうした宗教改革に対するアンチテーゼとして刷新を行い，またヨーロッパ以外の土地に積極的に布教を目指そうとした改革のことであった。ザビエルが仲間たちと創設したイエズス会は，布教とともに，教育をも携えて布教先において教育活動を展開した。日本の各地には宣教師を養成するためのコレジオやセミナリオがあったことが知られている。

4 バロック時代から近代における教育理念

バロック時代の代表者として，チェコの教育改革者 J. A. コメニウス（1592〜1670）を挙げることができる。彼は，近代教授学の祖ともいわれ，自らの親族も犠牲となった悲惨な宗教戦争である30年戦争を経験し，平和のための教育，それを実現するための言語の教育，汎知主義の教育を提唱しようとし

図9-4 コメニウスの『世界図絵』

た。代表作『大教授学』では，あらゆる指導は段階づけられなければならないし，自然にしたがわねばならないとする。また学校制度も，6歳までの母親学校，6〜12歳までの母国語学校，12〜18歳までのラテン語学校，18〜24歳までの大学と，段階的な教育課程の理念を取り入れた。『世界図絵』（図9-4）においては，文字と図像とを一致させ，感覚的に理解することを目指した世界で始めての絵入り教科書は，当時のベストセラーでもあった。

　イギリスのジョン・ロック（1632〜1704）は，イギリス経験論思想を教育に取り入れ，紳士教育を提唱したことでも有名である。彼は医学的興味と心理学的知識を教育理論に反映させ自らの教育理論を構築した。代表作『教育に関する考察』（1693）は，その目的をイギリス上層階級（ジェントリー）に適した正しい教育と定め，身体を強くするための忠告から始まって，家庭での幼児教育の原則，親子関係，躾論，躾の方法，性格形成の意義（これが最重要），知育，カリキュラムなどを述べている。カリキュラムの部では，母国語中心に幅広い利用が求められ，手織り，レクリエーション，旅行，自学自習の意義が説かれている。彼は先天的素質よりも後天的に獲得される学習に価値を置いてはいるが，そうはいうものの文法の丸暗記を諫めたり，また教育を投資ととらえた思想をも吐露している。また精神白紙説（タブラ・ラサ説）は，彼の教育理

論を代表する思想であり，イギリス経験論を表す思想でもある。

フランスを代表するJ.-J.ルソー（1712〜1778）は，フランス革命に理論的に影響を及ぼし，社会契約説を提唱した人物の1人として有名である。彼は音楽家，政治理論家，社会思想家，哲学者としての側面をもつが，教育小説

図9-5　ペスタロッチ

『エミール』は，人間を4段階（0〜12歳までの自然の時代，12〜15歳までの知性（理性）の時代，15〜20歳までの権力の時代，20〜25歳までの叡智の時代）にそれぞれ分け，残りの人生を幸福の時代とした。またこれと平行して倫理的発達の3段階（幼少期少年期において子供は必要性によって，少年時代と成年時代においては効用性によって，性徴の到来の時代においては道徳性）によって支配されるとした。

『社会契約論』においては「人間は自由として生まれる，そして人間は至る所で鎖に繋がれている」としてフランス革命の恐怖から過激な人々による全体主義的な恐怖を読み取っている。彼が目指していたもの，それは自由と契約，そして人々の一般意志に由来した法則であった。よって彼の教育理論は，消極的教育と呼ばれ，学校教育においても課題とされている自立的な学びや積極的な学びの活動への参加に対して有意義な示唆を多く含んでいる。

スイスの貧民教育実践家であるJ.H. ペスタロッチ（1746〜1827）は，スイス各地の森において孤児院を運営し，後世に大きな影響を及ぼした（図9-5）。『隠者の夕暮れ』の冒頭において，「玉座の上にあっても木の葉の屋根の蔭に住まっても同じ人間，その本質から見た人間，その彼は何であるか」と問いかけている。同じ人間として生まれてきているにもかかわらず，社会制度の状況によって非常に苦しい生活をしている人々や子どもたちがいる。彼は教育により社会改革を行い，子どもたちのために生きたのであった。彼の教育観の前提には本来見つめなければならない人間観，宗教観，道徳観，社会（自然）観があ

第9章　教育課程が登場するまで

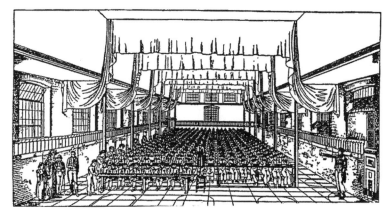

図9-6　ベル・ランカスター法

った。そのため彼は直観の原理や自己活動の原理を重視し，また環境についても家庭を最重要視して，母親の意義や居間の教育の意義を訴えたのであった。彼はそれ以外にも『探究』や『ゲルトルート児童教育法』『立法と嬰児殺し』等の作品を残しているが，彼の教育学的特徴のうち，直観教授（数，形，語）と呼ばれる概念や，基礎陶冶と呼ばれる概念が重要である。彼の教育思想は，特にアメリカのオウィスゴー教員養成学校にて実物教授として発展させられることとなり，明治期の我が国においても，スコット（お雇い教師）によって，また日本人留学生が帰国後，彼の思想を開発教授として広めることとなった。

　イギリスの産業革命の時代において，ユニークな教育的試みが展開されることとなる。スコットランド生まれのベル（1753～1832）は，東インド会社が設立したマドラスのマレ孤児院の所長に任命されるが，その孤児院の教育環境は悪く教師の質も低かった。ベルは自ら考えを巡らし，賢明な8歳児を選び，他の子どもに相互に教授し合う方法を発案した（彼はこの方法を mutual instruction とした）。イングランドに戻ってから，著『教育における経験』（1796）を出版，その数年後には聖ボドルフ学校において初めてベルの教育方法論が採用される。他の教師（ランカスター，1778～1838）も加わり，ロンドンの学校においてもこの教授法が採用されることとなる。この教育方法の特色は，優秀な助教を子どものなかから選び出し，数多くの子どもの教授の助教（モニター）と

することで，1人の指導教授が大多数の子どもたちに一斉に教授を展開するというシステムのことであった（図9-6）。

　指導法において求められるものが，教育内容の確かな伝達と個別の対応であるとするならば，このモニトリアル・システム（ベル・ランカスター法）は，その両方の利点を採用したものであったということができよう。そして彼らが考慮した点は，子どもにどのような内容を教えるべきかというよりも，どれだけの子どもたちに，どれだけの空間で教えられるか，ということであった。しかし，あまりにも形式的であったため，この方法はやがて衰退してゆくこととなった。

　ドイツの教育学者のヘルバルト（1776～1841）は，代表的なドイツの哲学者であるカントの後任を受け，哲学，心理学，教育学を専門とした学者であった。彼は講壇教育学の代表として，しばしばペスタロッチの活躍と比較される。講壇とは講演などの時に使用する壇のことで，いわば教育学を実践という視点からではなく大学の側，つまり理論的立場から取り纏めたという点で功績があった。

　彼の登場によって教育学は，学問的性格を得たということで，学術的な教育学の誕生（教育学をはじめて体系付けた人物）とみる論者もみられる。彼は教育の目的を倫理学に求め，教育の方法を心理学に求めた。また指導過程を「明瞭―連合―系統―方法」の4段階としてまとめ，段階教授法の提唱をしたことでも知られている。この理論は，我が国の明治期の学校教育の初期の指導理念に大きく影響を及ぼすこととなった。また心理学的な学習理念である「専念」や「致思」という概念や「興味の原理」の一つである「多元的興味」といった理念を学習過程に見いだすなど特徴的な業績を残した。主著には，『一般教育学』（1806）がある。

　このヘルバルトの教育理念の影響を受けた弟子たちが，ヘルバルト学派と呼ばれるグループである。代表者は，チラー（1817～1883），ライン（1987～1929）が挙げられる。彼らは師のヘルバルトの4段階教授法を改善し，それぞれ5段階を提唱した。チラーの5段階教授法は，「分析―総合―連合―系統―方法」で，ラインの5段階教授法は，「予備―提示―比較―総括［概括］―応用」で

ある。

　同じくドイツ幼児教育の分野において特筆すべき人物として，F. W. A. フレーベル (1782～1852) が挙げられる（図9-7）。彼は幼稚園（独Kindergarten）の創始者として，また自然摂理に基づいた玩具である恩物 (Gabe) の考案者として知られている。『人間の教育』(1826) の冒頭においては，「すべてのもののなかに，永遠の法則が，宿り，働き，かつ支配している」とのキリスト教的な汎神

図9-7　フレーベル

論的教育観を提示している。また学校で何を教えるべきかという章において彼は，心情，自然，言語が少年の生命の3つの要点であるがゆえに，これら3つのものを通して学校や教授は3重にして唯一の認識へと少年を導くべきであると主張する。

　また宗教教育，理科・数学，言語教育についても先の汎神論的教育観に基づいて独自の教育論を展開している。さらには独自な教育内容として，宗教上の箴言の習得［箴言とは格言のこと］や，自然および生命をとらえる短詩形表現の習得，言葉および発音の練習，線によって平面上に表現する練習を挙げている。

5　近代から現代における教育理念

　19世紀から20世紀にかけての教育理論の大きな特徴の一つとして，新教育運動が挙げられる。新教育運動は，従来までの大人中心の教育観に基づく教育としてではなく，子どもの自発性や活動，経験を学びの中心に置く子ども中心の教育運動である。近代学校制度の確立にともなって，世界的な教育史的趨勢においては，国や大人が被教育者である子どもを必然的に管理・拘束的側面から，つまり権威による教育が行われる度合いが強まったとも見ることができる。このことは，近代化の過程のなかにおいて官僚制度などと同様に，当然見られる

特徴の一つでもあるが,しかし,教育とは子どもが主体となって学ぶものであるとする前提に立つとすれば,新教育運動のような子ども中心の教育観が登場するのも当然であった。スウェーデンの女性社会思想家であったエレン・ケイ(1849～1926)は,『児童の世紀』(1900)を出版し,教育界からは,20世紀における新しい教育の出発(新教育)とさえ見なされることとなった。また彼女は,著書『恋愛と結婚』(1911)において従来の保守的な男性中心的価値観とは異なり女性による自由恋愛を主張するともに,女性解放運動に理論的に貢献することとなった。

イタリアの女性医師であったモンテッソリ(1870～1952)は,ローマ大学医学部で初めて女性で医学博士を取得し,ローマ市内の貧民街において「子どもの家」の責任者となった。彼女は著『モンテッソリ・メソッド(モンテッソリ法)』において,科学的見地から新教育の批判的検討を加え,「子どもの家」で使用された教育方法を紹介し,冬期の日課表や,5つの段階からなる段階別の教育活動を紹介している。たとえば第1学年は,静かに椅子を移動させること(これは実際生活を念頭においたもの)や,円錐[シリンダー]を活用すること(これは感覚能力を使用させ知性を活用させることに重点が置かれている)などを紹介している。また彼女の発案した教具の数々は,各感覚機能を伸ばすために工夫を凝らしたもので,現代においても幼児教育をはじめ活用されている。

20世紀を代表するアメリカの教育思想家ジョン・デューイ(1859～1952)は,哲学者,大学人,教育実践家でもあった。彼は当時のアメリカのプラグマティズムの主張者の一人で,彼の教育理論もその影響を多分に受けている。プラグマティズムとは実用主義と訳され,実用性が重視される思想である。この思想の提唱者はパース(1839～1914),ジェームズ(1842～1910)そしてデューイであるが,アメリカの開拓精神の影響を汲みながら,特にデューイにおいては,教育は,「なすことによって学ぶ」(Learning by doing)と理解されているように,経験に基づく教育を意味した。彼がシカゴ大学長として任命され,シカゴ大学付属小学校における彼の理論の実験報告が『学校と社会』(1899)であった。その他,教育学的著作として,『民主主義と教育』(1926),『経験と教育』

(1938) などがある。

彼は「私の教育的信条」という論文のなかで，学校について多くのことを語っている。

- 教育は生活の過程であり，将来の生活への準備であってはならない。
- 学校は現実の生活を提示しなければならない。
——それは子どもが家庭で，近所で，遊び場で実際に行っている内容と同一で子どもにとって現実的で活気あるものとしての生活のことである。
- 制度としての学校は，現存する社会生活を単純化しなければならない。

図9-8　デューイ

彼は学校を社会的発展と改良の原初的で最も効果的な関心事とみて，小さな社会としての学校と見ている。そして学校は共同生活の統合的部分であり，また社会改革の一手段としても機能するものととらえていた。

彼は「問題解決学習」を提示し，生活経験から学習を開始させ，仮説によって学習者が自ら解決を探り，再構成してゆく過程をとることを強調した。また民主主義的教育理念や反省的思考，習慣の概念，オキュペーション（課題取り組み）と呼ばれる学習者主体の取り組みに関する理論も展開している。

参考文献

朝倉文市編訳（1979）『聖ベネディクト　西欧的修道院制の確立者』平凡社.
尾﨑ムゲン（1999）『日本の教育改革』中公新書.
下中弘編（1992）『哲学事典』平凡社.
広岡義之編（2007）『教育の制度と歴史』ミネルヴァ書房.
フレーベル，荒井武訳（1978）『人間の教育』（上下），岩波文庫.
ペスタロッチー，長田新訳（1982）『隠者の夕暮　シュタンツだより』岩波文庫.
ロック，服部知文訳（1967）『教育に関する考察』岩波文庫.
Comenius, J. A.（1887）*Orbis Pictus*, c.w.Bardeen..
Cubberley, E. P.（1920）*The History of Education*, Houghton Mifflin Company.
Curtis and Boultwood,（1963）*A Short History of Educational Idea*, University Tuto-

rial Press.
Flinders, D.J., Thornton, S. J. (eds.) (2009) *The Curriculum Studies Reader*, 3rd. ed., Routledge Falmer.
Magee, B. (1998) *The Story of Philosophy*, DK.
Merritt & Thompson (1958) *The History of Education*, Barnes & Noble.
Montessori, M. (2005) *Dr. Montessori's own Handbook*, Dover.
Montessori, M. (2002) *The Montessori Method*, Dover.
Monroe, P. (1910) *A Text-book in the History of Education*, Macmillan.
Palmer, J. A. (2010) *Fifty Major Thinkers on Education*, Routledge.
Payne, W. (1902) *Rousseau's Emile*, Appleton.

(津田 徹)

第10章
教育課程上の諸課題と展望

　本章では，第1節では教育課程において3つの観点（近代学校教育制度との関連，政治的性格をもつこと，教育目的との関連）から原理的な問題を説明する。また，第2節で学校と教育課程，第3節では海外における教育実践書から，それぞれ説明し紹介する。後半第4，5節では，代表的な教育学者たち（①フランクリン・ボビット，②ジェイン・アダムズ，③エリオット・アイズナー，④キルパトリック，⑤パーカースト，⑥ブルーナー，⑦ガードナー）が教育課程に対する問題に対してどのような視点を備えているかを紹介し，最後に今後考えられる視点や展望を述べる。

1　教育課程の3つの関係概念

　ここでは，教育課程の関係概念として3つ（近代学校教育制度との関連，政治的性格をもつこと，教育目的との関連）について簡単に触れておきたい。
　第1は，教育課程と近代学校教育制度との関連についてである。教育課程とは，学校教育における特有の概念である。カリキュラム（英 curriculum）を邦訳した「教育課程」は，元々ラテン語のcurriculumのrunning, course, race-courseを意味し，そこから学校教育における教育課程へと定着していった。そのため教育課程は，近代社会の到来に伴う学校制度の成立とともに自立し形成されてきた概念であるため，学校以外のたとえば家庭での教育においては一般には適応されない。公教育としての学校制度が19世紀には多くの国々において確立されるにともなって，さまざまな教育目的や教育内容の整備が求められ，教育課程もそれらの目的観に応じて設定されてきた。日本では戦前において学科課程と言われ，狭義の学科目による教育を意味した。しかし，戦後，学校教育において人間形成の広義の意味合いが求められ，学科目に留まらず学校における教育活動全体を通した教育をもって教育課程と呼ばれるようになった。
　但し，近代以前において教育課程は存在していなかったと主張することはできない。教育課程は，教育制度と同じく長い歴史を有し，古代ギリシアのプラトンの時代にまで遡ることができる。教育課程の概念が専門的な学問分野として自立しはじめたのは20世紀に入ってからのことである。
　学校制度が，かつては有閑階級や富裕層を対象としていた頃，目指されるべき対象（教育目的）は良き支配者，指導者であり，そうした者たちが身に付けるべき知識や徳目であった。それに付属する属性（例，教養，礼儀，芸術など）が教育課程に組み込まれた。しかし，19世紀にヨーロッパ各地で公教育が確立されるとともに，教育の対象が特定の階級の人々ではなく，一般の人々（民衆）となった時，近代国家の建設のための教育が目指され，産業社会に関連した価値や国家を前提とする価値が教育界に浮上することになる。そして，20世紀に入ると地方教育行政が確立し始め，個性重視の教育や，私学の確立，

商業としての教育の登場，さらにまた教育課程の成果を検証する動きが活発化することとなった。教育課程は，近代化の過程で以上のように整備されてきた。

　第2に，政治的性格を有することについてである。当初カリキュラムは非常に政治的な意味合いを含むことが見られた。誰が，何を，どのようにして，教授するか，という指導の原理をめぐり，古代ギリシアの哲学者であるプラトンやアリストテレスが提唱して以来，教育は政治的関心の一部という思想がここにおいても関係する。

　古代ギリシアのアリストテレスは，代表作『政治学』のなかで，政治的学問が諸学問のうちで最上位に位置付けられ，政治学は，最善の国政を検討する場合，個人にとっての最善の生活を知らねばならないとする（第7巻）。その論調は支配者優位の政治を重んじる論調ではあるが，教育は善い人間を作ることを目標として組織されるべきだとする。よって，古代ギリシアの教育論の多くが『国家』や『法律』（いずれもプラトンの作），『政治学』（アリストテレス）といった政治学関連の書物のなかで論じられているが，以上のような理由を背景としているためであって，政治学において政治家が人々の幸福を考慮する前提として教育が検討されている。社会との関連では，プラトンの場合，哲人政治論が，アリストテレスの場合「全体は部分より先立つ」といった思想にもみられるように，政治や共同体についての深い思想が特徴的である。近年，シチズンシップ教育（citizenship education・ユネスコ）や市民教育（civic education（哲学上の用語の一つ））といわれる社会市民性を身につけるための教育的動向が見られ，政治学者サンデル（1936～）が主張する共同体主義といわれる思想の起源もアリストテレスの影響が強い。その意味で社会生活と教育は，政治（社会生活と政治の関係）を無視しては成立しえない。

　第3に，教育目的との関連についてである。教育は何のためになされるのであろうか。教育の前提となる私たち人間は，限りある生命をいかに生涯にわたって充実したものとしうるかという課題を抱えている。「宇宙カレンダー」というものが存在しているのはよく知られているが，これはビッグバン（地球の誕生）から現在までの約150億年を1年（365日）に換算し直してみると，最初の人類の誕生は大晦日の午後10時30分ごろであるという。そして午後11時59分

からの1分間の間に，秒刻みで石器の使用，火の発見に始まり，釈迦の誕生，産業革命，コンピュータの発明等が続くという（葉山 1999）。

　教育の問題は，以上の視点に立つならば，時間と空間の制約のなかで，哲学的問題，特に価値という問題に遭遇している。世の中には多様な価値が存在し，またその特徴も本質的価値，付帯［二次］的価値，学問的価値，経済的価値，芸術的価値などがある。一般に真善美聖の価値が私たち人間に関わっているとも言われ，またドイツの教育学者シュプランガー（1882～1963）は6つの基本的価値類型を提示している（理論的人間，経済的人間，美的人間，社会的人間，権力的人間，宗教的人間）。こうしたことからも理解できるように，いかに生きるべきか，教育目的は何を対象とするべきかという人間観や教育目的論との関連において教育課程が考察されなければならない。

　学校には様々な機能を持たせてその教育理念としていることが多い。学校は，学習能力，体力，道徳性の育成をはじめ，人間性，社会性，就業観や職業観の確立に至るまで子どもの成長と将来の社会への参加を十全に目指すべく力を身に付けさせるための目的をもった制度機関であると言える。国や文部科学省は教育基本法や学校教育法，学習指導要領といった法規的定めを設けており，地方公共団体，経済界，学校教育，地方教育（行政），各学校，各論者はもちろんのこと，最近ではテレビやネット上に至るまで，様々な分野からの教育的期待を見て取ることができる。こうした外側からの教育目的論に対して，学習者自らの内側からの教育目的論も存在する。

さまざまな分野からの教育的期待
　　教育基本法　人格の完成
　　学校教育法　幼稚園：「幼稚園は，義務教育及びその後の教育の基礎を培うものとして，幼児を保育し，幼稚の健やかな成長のために適当な環境を与えて，その心身の発達を助長することを目的とする。」（第22条）
　　学校教育法　小学校：「小学校は，心身の発達に応じて，義務教育として行われる普通教育のうち基礎的なものを施すことを目的とする。」（第29条）
　　学校教育法　中学校：「中学校は，小学校における教育の基礎の上に，心身の発達に応じて，義務教育として行われる普通教育を施すことを目的とする。」

(第45条)

学校教育法　高等学校:「高等学校は，中学校における教育の基礎の上に，心身の発達及び進路に応じて，高度な普通教育及び専門教育を施すことを目的とする。」(第50条)

学校教育法　中等教育学校:「中等教育学校は，小学校における教育の基礎の上に，心身の発達及び進路に応じて，義務教育として行われる普通教育並びに高度な普通教育及び専門教育を一貫して施すことを目的とする。」(第63条)

経済界（経済産業省）:社会人基礎力（前に踏み出す力，考え抜く力，チームで働く力）

経済界（日本経済団体連合会）:グローバル人材の養成

教育委員会：兵庫県教育委員会の場合

「兵庫が育むこころ豊かで自立した人づくり～学び，育て，支えるひょうごの教育～」

「第2期ひょうご教育創造プラン（兵庫県教育基本計画）」

論者：孔子（BC551-BC479）「仁」
　　　アリストテレス（BC384-322）「有徳な人間」
　　　カント（1724-1804）「実践理性，定言命法」
　　　福沢諭吉（1835-1901）「独立自尊」
　　　和辻哲郎（1889-1960）「間柄的存在」
　　　夏目漱石（1867-1916）「自我の追求とエゴイズムの克服」
　　　齋藤孝（1960-）「読書力」「教育力」

|内側からの教育目的論|

個人的レベル：知識や技術や能力を伸長，自己に必要な教育を目指す

社会・集団的レベル：家庭や社会から期待される教育内容を目指す

国家・世界レベル：国や国際的視野から求められる教育内容を目指す

　もちろん，私たちは，さまざまなレベルにおいて教育目的や目標を意図し，すべてが期待に基づいて教育を受けるわけではない。教育目的のとらえ方は，以下の3つのレベルにおいてとらえられる。

　個人的レベルにおいては，知識や技術や能力を伸長させることで自分として

の満足を獲得し，自分が最低限生きるために必要な内容を修得しようとする教育目的である。

社会・集団的レベルにおいては，個人的レベルを超越して，次への段階として，自己に備わった知識，技術，能力を社会や集団的レベルにおいて活用することを意味する。たとえば，ある職業のための知識・技術を身に付け社会で活躍するために大学で学ぶなどという場合がこれに該当する。

国家・世界レベルにおいては，個人的レベル，社会・集団的レベルを踏襲しながら，活動舞台が国家・世界において活動可能であることを目指すレベルのことである。特定の分野で世界的に活躍が期待される分野もあり，このレベルに教育目的を措定する段階であるといえる。

2　学校と教育課程

学校が設置できるのは，国，地方公共団体，法律に定める法人（例，学校法人など）のいずれかであって，公立・私立を問わず学校は，公的な教育機関の性格をもつ。公教育には，無償性，義務性，中立性の各原理を挙げることができる。その他，公教育を維持運営してゆくための諸条件（たとえば，教育に関する施策の策定や実施，必要な財政上の措置），設置基準（たとえば，「小学校設置基準」「中学校設置基準」「高等学校設置基準」など）がある。

学習指導要領は，国の定める学校教育の教育課程の基準といわれるものである。学習指導要領は，校種ごとに発行されており，『幼稚園教育要領』『小学校学習指導要領』『中学校学習指導要領』『高等学校学習指導要領』『特別支援学校幼稚部教育要領』『特別支援学校小学部・中学部学習指導要領』『特別支援学校高等部学習指導要領』がある。

教育課程編成に際しては各関連法の精神に則って，教育委員会には教育課程の管理，学校長には教育課程の編成や教育委員会への届け出が，それぞれ職務に含まれる。教育課程の内容としては，教育目標，指導の重点，学年別教科・科目および特別活動の時間配当，学習指導，児童・生徒指導および職業指導の大綱がある（窪田・小川　2014：153）。

3 海外における教育実践書から

　教師にとって教育課程についてどのような認識が求められるだろうか。現在の日本の教員養成の在り方においては、免許に必要な単位を修得し、免許を取得し、教員採用試験に合格し、任用されることによって、教壇に立つことができる（不幸にして採用試験に不合格であっても、有効な免許所有者は常勤講師や非常勤講師として教壇に立つことは可能である）。この観点からすれば、新任教師は経験不足のため、多かれ少なかれ不安を感じているのも当然である。この点、日本でも海外でも同様ではあるが、海外での初任者教員への指導啓発書にはどのような視点が示されているのかを簡単に紹介してみたい。

　アメリカのユリア・G. トンプソンは、『初任者教師のチェックリスト』(*The First-Year Teacher's Checklist,* 2009) を著し、教育課程との関連で基本となる観点を提供している。ハウツーものの印象が強い点は否定できないが、しかし一つ一つの意味するところは重要でユニークでもある。その一部を訳し紹介することとする。

第9章　効果的な指導を計画せよ
　リスト9-1　あなたの目標：アクティブ・ラーニング・コミュニティー（学習活動共同体）
　リスト9-2　指導計画上の諸段階
　リスト9-3　ユニット・プラン（単元計画）創出の仕方
　リスト9-4　デイリー・プラン（日課計画）創出の仕方
　リスト9-5　児童・生徒の既存の知識をどう評価するか
　リスト9-6　あらゆる学習者にとって必要とされるもの（ニーズ）
　リスト9-7　本質的質問とともに継続した理解を創造する
　リスト9-8　担当する児童・生徒に訴えるであろう活動を含める
　リスト9-9　教科書を超えたところにまで児童・生徒をもたらす教材を活用する
　リスト9-10　従来にはない新しい予定のための計画をいかにしてたてるか
　リスト9-11　予備的計画をいかにして創造するか

リスト9-12 さほど熟練していない学習者のための授業をどのように取り入れてゆくか

　上記の一覧は、チェック方式で確認を取ることができるようになっており、参考とすべき観点も多く見受けられる。著者紹介によれば、彼女は活発な講演者、教員養成家として活躍し、25年以上にも及ぶ公立学校の教師を勤めている。
　この書（全14章）から私たちが学ぶことができる点を要約してみると、教師を中心として、①教育環境にどれほど配慮をもたらすことができるか、②指導を展開するための準備の余地にはどのようなものがあるか、③子ども［学習者］をよく観察し、それを指導に生かすことがどれほどできるか、④子ども［学習者］をどの地点にまでもたらそうとするのか、⑤予定外の事態に対し、対応できる能力を身に付ける、ということを挙げることができるであろう。

4　最近のカリキュラム研究について

　さらに議論を絞って、海外でのカリキュラム研究はどのような内容が取り上げられているか注目してみたい。古くは、J. S. ブルーナーの『教育の過程』（*The Process of Education*, 1963）が有名であり、さらに、R. S. ピーターズ編、『教育哲学』（*The Philosophy of Education*, 1973）のなかにおいては、「教育概念」「教育内容」「教授と学習」「教育の正当化」の4つの部において、ピーターズ（20世紀イギリスを代表する教育哲学者）やI. シェフラー（20世紀アメリカを代表する教育哲学者）、P. H. ハースト（「知識の形相」理論を紹介したイギリスの教育哲学者）らが教育哲学的立場から教育内容論や教育方法論を紹介している。
　現代のカリキュラム研究はさらに専門化され、非常に原理的でありまた多様である。ハーベイ・シーゲル編『オックスフォード教育哲学ハンドブック』（*The Oxford handbook of philosophy of education*, 2009）においては全6部構成（合計28本の論文を収録）のうち、第4部の「知識，カリキュラム，そして教育調査」の部において、D. カーの「カリキュラムと知識の価値」を含め、6本の

第10章　教育課程上の諸課題と展望

論文が収録されている（その他，P. キッチャー「教育，民主主義，そして資本主義」，C. Z. エルギン「芸術と教育」，R. アウディ「科学教育，宗教的寛容性，そして善に対する自由な中立性」，R. E. グランディ「構成主義，科学的方法，科学教育における反省的判断」，D. C. フィリップス「経験的教育調査：非教育分野における哲学的不一致を記録する」）。また，フリンダース＆ソーントン編の『カリキュラム・スタディーズ・リーダーズ（第3版）』(2004) は，後述するとおりカリキュラム研究の大きなテーマ群である4つの領域から合計34本の論文を掲載している。

フリンダース＆ソーントン編の著はアメリカでの「教育課程」の学術書を意図して編纂された論文集で大学や大学院，研究者を対象としていると考えられ，構成は以下の4つの領域からなる。むろん，教育課程研究はこれらの書物だけに留まらないものの，便宜上，どのような学者が掲載されているかを知ることができるため，みてみることにしよう。以下では第三版を参考にする。

第1部「カリキュラム研究の序文」
　F. ボビット，M. モンテッソリ，J. デューイ，J. アダムズ，G. カウンツ，
　H. M. クリバード
第2部「教育の中心段階におけるカリキュラム」，
　L. W. タイラー，J. ブルーナー，W. J. ポプハム，E. W. アイズナー，
　F. W. ジャクソン，J. シュワブ
第3部「カリキュラム理論の再概念化」，
　P. フレイレ，M. グリーン，W. F. パイナー，M. アドラー，N. ノディングス，
　M. V. マックローリン，M. W. アップル，全米女子大学連盟（AAUW）
第4部「カリキュラムの思想の時代とその後：変化と継続」
　J. シリン，W. E. ドール・ジュニア，P. ヘレボヴィチェ，W. アウ，C. スレーター，J. スティルマン，L. S. シスキン，E. W. アイズナー，A. ヴァレンズエラ，E. チャン，S. J. ソーントン，D. G. スミス，P. マッキントッシュ，C. A. ボワーズ，N. ノディングス

第1部については，モンテッソリやデューイ，カウンツらの論文が，第2部

171

についてはタイラーやブルーナーらの論文が，第3部については，フレイレ，アドラー，ノディグスらが収録され，教育思想一般においても有名である。特に第4部については，比較的新しい問題を取り扱っている点が特徴的であり，アメリカ社会での問題と教育課程の関係を垣間見ることができる（例，HIV・AIDS教育，多文化社会における知識の標準化，アカウンタビリティ（責任）の問題，社会研究カリキュラムにおけるゲイとレズビアンについての研究，アメリカ・メキシコの若者の学校生活における社会資本，など）。

　20世紀前後を振り返ってみると，19世紀からの公教育の制度化と，20世紀にはいってからの学校の整備拡大化，さらには進歩主義教育運動の展開や，戦時体制下の学校，教育人口の大衆化，また戦後民主主義的教育の実施，科学教育の推進，産業社会，資本主義経済と密接に関連づけられた教育などを特徴として挙げることができる。そのようななかで，教育理論家は社会の複合的要因を考慮しながらあるいは社会的現状に対する教育の目指すべき方向性を模索し，カリキュラムを模索してきた。

　初期のカリキュラム研究の進歩は，進歩主義教育理論家や実践家が果たしてきた影響が大きいが，歴史を遡れば，コメニウスやルソー，ペスタロッチに見られる子どもを中心とする教育観への転換の時期にまで遡ることができよう。当然，それ以前の主要な教育観である注入主義や，キリスト教教育が果たしてきた聖書中心主義の教育の存在や，教養主義も忘れてはならない。他方において，子どもを中心とする先のルソーなどの消極教育に象徴され，20世紀に入って特徴的となった進歩主義教育など児童中心主義の教育や本質主義の存在がカリキュラムに与えてきた影響も軽視できない。これらの観点のほかにも，専門家教育（エリート教育）と大衆教育との観点，公立学校と私立学校との観点，場所論的要素の相違から学校教育と家庭教育ならびに社会（地域社会での）教育との関係，教養教育と実用教育との関係，初等教育・中等教育・高等教育の各関係，学校教育の認可と自由，客観性の問題としての自己評価と外部評価，教育目的論と教育手段論との関係など，さまざまな観点からカリキュラムへのアプローチが検討され，またさらに検討がなされるべきである。さらに第4部で展開されているような現代の社会問題が教育課程の範疇として提起され組み

第10章　教育課程上の諸課題と展望

込まれていることは，興味深い。そのため我が国においても考察されるべき将来的な課題（例，環境問題，エネルギー問題，国際問題，医療問題，人口，情報，科学，食糧，福祉，教育など）を重視したカリキュラム構成も，当然，今後は積極的に取り上げられてゆくことになるだろう。

以下では，独自のカリキュラム論者の中から，①フランクリン・ボビット，②ジェーン・アダムズ，③エリオット・アイズナー，④キルパトリック，⑤ブルーナー，⑥ガードナーをそれぞれ紹介してみたい。

① フランクリン・ボビット（1876～1956）：実業界と教育課程

ボビットは，アメリカのカリキュラム研究専門の第一人者であった。彼はアメリカの学区の教育課程の相談役を担当していた。彼は，著『カリキュラム』(1918) を出版している。さらに彼はカリキュラム研究の教科書として執筆された論文「カリキュラム作成における科学的方法」(scientific method in curriculum-making) において，科学的マネジメントといわれる専門職業の生産性を高める知識を借用しながら，「効率の利害関係」に注目し，それの教育への応用，とくに学校カリキュラムへの応用を探ったのであった。

ボビットが言う科学的とは，高度な数理的意味を含むものではなく，製造物の作業過程から得られる情報のことを意味していると考えられる。彼はインディアナポリスでの職業訓練の優れた方法を取り上げている。職業領域における聞き取り調査から，労働作業過程において重要となる点を聴取している。

(1) 作業する者が熟知すべき道具・機械のリスト
(2) 作業する者が知っておかねばならない材料のリスト
(3) 仕事やその過程にて必要とされる一般的な知識項目
(4) 作業において実際使用する数学的運用の内容
(5) 計画の抑制に必要な科学的事項や内容
(6) 実際に作業で使用する絵画的要素やデザイン的要素
(7) その作業において関連し必要となる用語の特徴
(8) 作業に必要な最低限の物理的基準としての衛生的要因
(9) 必要とされる経済的事実

173

(Bobbitt, "scientific method in curriculum-making" より)

　私たちは，以上から教育的に応用できる点があることに気づく。たとえば，現代の学校教育との関連で考えてみると，教材の把握・リスト化，学習内容の熟知，教員としての教養や専門性，カリキュラムや指導案の時間や単位など数学的側面，指導計画の変更を余儀なくされた場合のその補償的な方法や内容，授業のプレゼン能力，話し方，板書の仕方，教具の活用，教員としての話し言葉，教育上の使用すべき言葉，教室の環境や学校の衛生環境，限られた予算のなかでの学校運営などを想定することが可能であり，産業社会での方法実践が教育界における応用として考察可能である。

　さらに彼は「最小限のコスト（教師の浪費）において最大限の結果（生徒の学び）」を，企業の営みから学んだようである。これは言語教育（口語や書き言葉）において特に生徒がどの項目で誤りの比率が高いかを統計的に分析し，その結果，学校が文化的な言語環境を提供するべきであり，生徒が誤りに気付くよう意識させることなどを解決方法として指摘している。

　ボビットは，社会は社会的に不足しているものに十分対応・一致させ，教育は正しい形で社会において欠けているもの・不足に一致させてゆくべきであると強調している。つまりカリキュラムを考察する場合には，社会で何が求められているかを鋭く洞察し，それをカリキュラムに反映させることを彼は実業界の調査から主張しようとしていたのである。

② ジェーン・アダムズ（1860〜1935）：ハルハウスと社会教育

　ジェーン・アダムズは，アメリカのソーシャルワーク分野の先駆者であり，ノーベル平和賞受賞者でもある。彼女は1889年に社会的セツルメント「ハルハウス」（Hull House）を友人とともにアメリカのシカゴ市内の貧民街に創設した。彼女は自伝的著『ハルハウスにおける20年』（1910）を出版している。この施設は，産業社会に生きる移民者，労働者，子どもたちに手をさしのべることとなる。彼女は，このようなセツルメントでの活動が教育以上の機能をもち，本来教育を受けていない人々に対してこのハルハウスが社会的な意義を果たす役

割をもつと考えていた。アダムズはこのハルハウスでの活動をアメリカ社会において新たな意味合いをもつものであると提起し、宗教や国籍、経済的状況の相違を越えたともに生きる共同体として独自の意味合いをもつものと確信していた。さらに彼女は「無知の教師は、両親と（移民の）子どもを切り離し、親の伝統と子どもとを切り離す。だが、教養ある教師はこうしたものをしっかりと結びつけるのだ」とまで述べ、ここでの活動が当時のアメリカ社会の課題に応えうることを認識していた。ハルハウスでのカリキュラムは独自性のある科目（料理、算術、歴史、アスレチック、造形、イタリア人のための英語など）を提供するものだった。

③ エリオット・アイズナー（1933〜）：教育指標の意義とその課題

アイズナーは、アメリカの教育理論家であり、多くの業績を残した人物である。彼の教育学的業績は、従来とは異なる芸術教育理論の確立に貢献した。教育論文「教育的鑑識眼と教育批評」において、彼は鑑識眼、批評、描写、解釈、評価、主題などの教育上の効果を紹介している。特にこれらのうち、鑑識眼（教育的鑑識眼）と批評（教育批評）は世界的に応用されている。また学校改革に対して、3つの提言（官僚主義的思想を超越した独自の視点の導入〔カリキュラム活動の結果としての表現的成果をもたらすこと〕、合い言葉や教育的流行に依存するのではダメであること〔多様な表現形式を通した学びと自己表現の必要性〕、認知多元主義的貢献の必要性〔子どもがもつ生産的特異性を学習活動において大切にすべきであり、諸感覚を通した学びを行う必要性〕）がそれぞれ重要であることを主張している。

さらに教育課程との関連において彼は、論文「教育指標—援助となるかあるいは妨げとなるか？」のなかにおいて、教育指標は、指導の目的を手助けすることにもなりうるし、邪魔にもなり得るとの内容を述べようとしている。教育指標の信念はいつ、どこで発生したか？と問うことからはじめて、仮に重要な能力とはなにかが判断され能力強化の方法が進展するならば、学校はこの課題に集中することができると述べ、教育指標や求めるべき能力の内容が明らかにされることが教育課程においてはもちろんのこと、学校教育においても重要で

あるとの認識を示している。

またアイズナーは、カリキュラム理論の父とも呼ばれているF.ボビットの『カリキュラム』(1918)の内容(前掲)を紹介し、カリキュラム理論は論理的には教育理論から派生的に由来するとする理論を紹介している。ボビットの科学的発展についての四段階からなる説(必要とされる技能の特定化、その技能を特定の単元(ユニット)に分類、これらの単元(ユニット)を経験に組織化すること、最後にこれらの経験を子どもたちに提供すること)を紹介している。

また以上の教育指標に関して、アイズナーは、ボビットの提案する9つの領域から成る160に及ぶ主要な教育指標について触れ、他の論者の解釈も紹介している(例、1581の社会指標(ペンドレトン)、300以上の数学のための教育指標(ギラー)、社会科学に関する888の一般指標(ビリングス))。

以上のような教育指標の存在は、カリキュラムにおける一つの目標としての機能を果たしうるということができるであろう。しかし、アイズナーはこの教育指標が万善ではない点(制限を有する点)を以下のように4点挙げている。一つ目は、教育指標は、教育の結果を予想しえないということ、二つ目は、教育指標はその主題となる方法を論じることはできないということ、三つ目は、教育指標は、測定のための基準として混乱をもたらしかねないということ。四つ目は、カリキュラムにおける手段と目的との関係の論理的要請に応えられていないということである。確かに、教育指標はその結果そのものを見通すことはできないかもしれないが、それに向けて教育的方策を立てる役目を見出すことはできると思われる。二つ目の制限についても、教育者が創意工夫を凝らしてその教育指標を思考する余地というものが考えられる。このように考えるならば、アイズナーの主張する教育指標が教育界において果たす役割は、以上のように一部再考すべき点があるように思われるが、具体性のある教育的方向性を新たに提示したという点で、意義のあるものであったと思われる。

④ W. H. キルパトリック (1871〜1965): プロジェクト・メソッドの提唱者

彼はアメリカを代表する教育哲学者である。P. モンロー(アメリカを代表する教育史家)、J. デューイの指導を受け、コロンビア大学の教授となる。デ

ューイの一番弟子ともいわれている。

　彼は我が国にも昭和初期（昭和2年）に来日し，日本各地で講演を行った。彼の有名なプロジェクト・メソッドは，目的ある教育，教育過程の哲学ともいわれている。この教育方法理論［プロジェクト・メソッド］は，目的—計画—遂行—判断の四段階から成り立っており，産業界の製造過程にヒントを得たようである。従来の暗記中心とする教育観に対して批判的立場をとって生まれ出たものである。著作には，『プロジェクト・メソッド』『教育哲学』がある。

⑤ J. S. ブルーナー（1915〜2016）：らせん型（スパイラル）カリキュラム

　アメリカの代表的な認知心理学者。彼にとって教育とは，テストに向けた学習ではなく，構成員の要求に対し文化を適応させることであった。1957年にソビエト（当時）が人工衛星スプートニク号を打ち上げ，それに伴ってアメリカの科学的教育のあり方が問われた際，アメリカ政府は1958年には国家防衛教育法を制定した。翌1959年にはマサチューセッツ州のウッズホールで34名の異分野出身の学者から構成された学術会議が開催された。議長のブルーナーは『教育の過程』(1960)において，その会議において取り上げられた主要テーマを紹介している。その書は，イントロダクションから始まり合計6章（イントロダクション，構造の重要性，学習のためのレディネス，直観的思考と分析的思考，学習にとっての動機，教授に対する援助）から成り立っている。

　あるテーマが中学校まであるいはより後の発達段階に到るまで指導を差し止めるべきだという従来の考え方（ここでは恐らく進歩主義教育のことであろう）に対して，この書ではスパイラル・カリキュラム［らせん型カリキュラム］の肯定的議論を行っている。ここにおいて「われわれはいかなる発達段階における子供に対して，どのような主題をも知性的に最も誠実なある形式において教えうるのである」という有名な文言が登場する。同書においては教育上の「発見の役割」を示した箇所もみられ（元々はアルキメデスが偽の金の装飾品と本物とを比較して解き明かすことを入浴中に発見し発した言葉に由来するギリシア語 euriskou = to find out である），ここから発見学習（エウリスティック・メソッド）の主唱者として彼の名前を挙げることが多い。

別の著『教育の文化』(1966) においては，教育とは「学校の一機能として見られるのではなく，個々の生徒の心に対して向けられるものである」と主張し，従来の，さらには「現在，設置されている学校は，教育問題を解決しないばかりか，むしろ学校自体が問題の一部となっている」とまで主張（参考，広岡編，『教育思想の50人』，170ページ）していることから，当時の進歩的な科学者たちは学校の現状に不満をもっていたことが理解できる。

⑥ ハワード・ガードナー：多重知性（MI）という新しい視点と教育

ガードナー（1943～）はアメリカのハーバード大学の発達心理学の教授である。彼はブルーナーやエリクソン，ピアジェの影響を受けて，芸術教育の意義（特に認知）について研究を開始した。従来の伝統的な教育測定の基準の一つであるIQに対して，ガードナーは人間の測定基準というものを8つの基準から成り立つMI（Multiple Intelligence〔多重知性論〕）として提唱することで，新しい教育能力の開発に努めようとした。

その8つの基準とは，言語的知能，論理・数学的知能，空間的知能，音楽的知能，肉体・運動・感覚的知能，対人関係的知能，内省的知能，博物学［自然学］的知能である（訳が若干異なることもある）。後には新たに2つを付加させて10としている。彼の視点は，多様な能力や知性から成り立っている複雑多岐にわたる人間能力を前提とする。その意味において現在の学校教育において設定されている教育課程（特に評価）が人間観を十分にカバーできていないとすれば，むしろ学校の教育課程は，ガードナーが想定したように，子どもたちを逆に狭めてしまっている可能性を示唆するものかもしれない。ガードナーの人間的把握とそれへの教育的適応について，教育課程上の新しい視点を提供し，現在の知性中心的な教育課程に対してさらに再考を促すものであると言えるであろう。

5　今後の教育課程

今後の教育課程のあり方はどのように変化してゆくだろうか。この問題は今

後の世界のあり方に関連する問題である。すでに将来の世界像を模索するジャーナリズム分野における書物がいくつか存在している。たとえば，『2050年の世界　英『エコノミスト』誌は予言する』においては，人間，地球，経済，知識の４つの広域なカテゴリーから，細分化されたテーマ群において大胆な予想を行っている。それらの内容を詳細には触れることはできないし，これらの内容が非科学的で予想の範囲を超えるものではないとの理由でそのまま無視するべきものでもなく，人口問題，環境問題，食糧問題，国際問題，科学技術上の問題などを含めた今後の世界的な動向を注視する必要性を説くという意味で注目に値する。

　さて，以下では将来教育課程はどうあるべきかをめぐって，これまでの内容から浮上する理論的特徴を確認し，新たに求められる視点を提案することとしよう。

① 主体は学習者であること（教師は援助者であること）

　主体的な学びや学びの共同体を構成する原理は，学習者を中心にとらえるということである。カリキュラムの構成原理には，第一に学習者が学びの主体であるという観点を欠くことはできない。そのため，教師にはカリキュラム展開の進行の責務を有するが，学習主体としての学習者の経験や学びを基本とする原則に立って，カリキュラムを考察することが重要である。また教師は，家庭・保護者側から見れば豊かな人間性を備えた教養人・専門人としての在り方が期待される。学校生活における学びを教師は補い，場合によっては周辺から見守る援助者としての働きをもつともいえる。

② 多様な評価

　評価の対象は学習者の特定の知識・技能などの各観点である。しかし，各評価そのものがその学習者の実像を表現できているかといえば必ずしもそうではない。その点に評価活動の困難さがある。ガードナーのような多岐的な視点に基づく評価があるとしても，それをどのような基準と方法において評価活動を行うかは容易ではない。よって学校における評価活動は，評価活動そのものが

困難であるからと言って行わないことはできないし，評価の有効性は認められるものの，特定の観点によってのみその人物の評価と成り得ないことも理解しておかねばならない。

現在，学校においては法的な備え付け表簿として指導要録がある。指導要録は，「学籍に関する記録」と「指導に関する記録」とから成り立っている。学習者への評価の種類としては，相対評価，絶対評価，個人内評価，観点別評価などがある。

指導要録の記入方針については，文部科学省の説明に詳しいが，中学校の場合，「観点別学習状況」「評定」「総合的な学習の時間の記録」「特別活動の記録」「行動の記録」「総合所見及び指導上参考となる諸事項」「出欠の記録」の各状況と各記録の趣旨を理解して，指導に活用させることが重要である。

今後は，評価項目の検討によって，教育目標や目標に即した評価が一層求められ，新たに学習過程を重視する観点や，創造力，応用力が求められるであろう。

③ 選択が可能である学びの可能性（選択［オプション］の余地が多いこと）

すでに中学校，高等学校においては選択科目がカリキュラムにおいて取り入れられ，選択科目の趣旨を生かしながらカリキュラムが設定されている。そして今後，学習者中心のカリキュラム構成が推進されるなら，この動向はますます高まってくる可能性があるであろう。しかしながら，全ての教科目を選択とするカリキュラム編成は，確かに選択の趣旨は学習者の意向に則っているとはいえ，各学校の教育目的や教育目標を達成する趣旨からは困難である。また初歩の者に対して選択を与えることは，かえって混乱を招く恐れもある。選択ができるということは，与えられた自由を活用することを意味する。能動的に対象にかかわることを意味する。多様な科目の開設や教育方法の多様化は望ましいが，他方で，経済的観点や人材的観点において負担が増大する可能性も否定できない。

④ 社会的視点を採用していること：民間の知の活用や，経験的な学びが可能，相互的な学びが可能である，学問横断型の学びが可能であること

　学校教育が社会に出るための手段的機能の一部を担っているのであれば，そこには必然的に社会的視点を取り入れる必要がある。学校という閉じた空間で完結する専門的学びや，同年齢集団の学びの体系の意義も認められるが，他方，社会は多様な形態と複雑な構造から成り立っているため，コミュニケーション能力や，協調性，表現能力，応用力，創造力などがますます必要となる。そのため，民間で展開される独自性のある学びや経験的な学び，自然体験的な学び，職業体験，学問横断型の学び，異年齢集団での学び，応用的な学びなど社会的視点に基づいたカリキュラムの編成も今後重要となってくるであろう。

⑤ 学びの手段（媒介）が合理的で多様であること，系統性（基礎基本から応用まで）が担保されていること

　教育内容には，基礎・基本から始まり，応用や発展へと至る論理的な流れが存在していることが多い。そのため学びを構成するための内容は，部分的，断片的にではなく，連続的，系統的に展開されてゆく必要がある。計画された内容に対して，アプローチの仕方が複数考えられる場合もある。つまり教育内容に対して，教育方法が複数考えられる場合がある。教師は複数のなかから目的に応じた方法を選択しなければならない。教育内容に従って，また学習者の状況に従って，多様な教育方法のなかから最適な方法を選択することが求められる。また限られた時間（授業時間は有限であること）や制約（学校や教室という空間，人数，教員数など）を考慮しながら，学問の系統性を重んじ，そこに合理的な方法が求められるということがいえる。

⑥ 多様な観点から入手できる情報を教育に活用すること

　今後，児童・生徒の情報を教育実践に活用してゆくことが一層求められるであろう。これまでの教育実践家のなかには，アメリカの教育実践家パーカーストのようなアサイメント（課業表）を活用した個に応じた指導を，いわば学習者の情報を活用しつつ独自の展開をみせてきたものもあった［ドルトン・プラ

ン]。ビッグデータと呼ばれる膨大な教育データを活用してそれをカリキュラム作成や授業に活用させることも実用化され，指導やカリキュラムの編成に活用されることも期待されるであろう。さらには，情報機器は多様な教育方法の選択肢となりうるであろうし，これらは人間にとって代わりうるものではないものの，効果的な指導を展開するための魅力的な選択肢の一つとなりうるかもしれない。

参考文献

アリストテレス，山本光雄訳（1967）『政治学』岩波文庫.

英『エコノミスト』編集部，東江一紀・峯村利哉訳（2015）『2050年の世界 英『エコノミスト』誌は予測する』文藝春秋.

キルパトリック，村山貞雄ほか訳（1973）『教育哲学 世界教育学名著選 7』明治図書出版.

窪田眞二・小川友次（2014）『平成26年度教育法規便覧』学陽書房.

齋藤孝（2002）『読書力』岩波新書.

シュプランガー，伊勢田耀子訳（1961）『文化と性格の諸類型』Ⅰ，Ⅱ，明治図書出版.

ジョイ・パーマーほか編，廣岡義之・塩見剛一訳（2012）『教育思想の50人』青土社.

葉山杉夫（1999）『ヒトの誕生』PHP新書.

広岡義之編（2010）『新しい教育課程』ミネルヴァ書房.

広岡義之編（2012）『教職をめざす人のための教育用語・法規』ミネルヴァ書房.

Bruner, J. S. (1963) *The Process of Education,* Vintage Book.

Flinders, D. J. S., J. Thornton (eds.) (2009) *The Curriculum Studies Reader,* 3rd. ed., Routledge Falmer.

Palmer, J. A. (2001) *Fifty Major Thinkers on Education,* Routledge.

Palmer, J. A. (2001) *Fifty Modern Thinkers on Education,* Routledge.

Peters, R. S. (ed.) (1973) *The Philosophy of Education,* Oxford U. P..

Siegel, H. (ed.) (2009) *The Oxford handbook of philosophy of education,* Oxford U. P..

Thompson, J. G. (2009) *The First-Year Teacher's Checklist: A Quick Reference for Classroom Success,* Willey.

文部科学省のHP.

経済産業省のHP.　http://www.meti.go.jp/policy/kisoryoku/
日本経済団体連合会のHP.　http://www.keidanren.or.jp/policy/2015/028.html
兵庫県教育委員会のHP.　http://www.hyogo-c.ed.jp/~kikaku-bo/kihonkeikaku/index2.html

（津田　徹）

人名索引

ア行

アイズナー, E. *175*
アダムズ, J. *174*
アベラール, P. *152*
アリストテレス *150*

カ行

ガードナー, H. *178*
キケロ *150*
キルパトリック, W. H. *176*
クィンティリアヌス *151*
グーテンベルグ, J. *154*
ケイ, E. *160*
コメニウス, J. A. *155*

サ行

サンデル, M. *165*
シュプランガー, E. *166*
スコット, M. *157*
セネカ *150*
ソクラテス *148-149*

タ行

タイラー, R. W. *18, 29*
ダンテ, A. *153*
チラー, T. *158*
デューイ, J. *13, 135, 160*

トンプソン, J. G. *169*

ハ行

パーカースト, H. *181*
プラトン *149, 164*
ブルーナー, J. S. *12, 41, 136, 177*
フレーベル, F. W. A. *159*
プロタゴラス *148*
ベーコン, F. *154*
ペスタロッチ, J. H. *156*
ベル, A. *157*
ヘルバルト, J. H. *158*
ボビット, F. *173, 176*
ホプキンス, L. T. *13*

マ行

三井浩 *18, 32*
ミンドラ, P. D. *154*
モーリス-スズキ, T. *31*
モンテッソリ, M. *160*

ラ行

ライン, W. *158*
ランカスター, J. *157*
ルソー, J.-J. *156*
ロック, J. *155*
ロンバルドゥス, P. *153*

事項索引

A-Z

NCBL 法（Not Child Left Behind Act）（米） *117*
PDCA サイクル *102*
PISA →学習到達度調査

ア 行

愛国心 *32*
「新しい公共性」 *139-140*
アメリカ進歩主義教育（思想） *135*
イギリスの教育課程 *108*
生きる力 *46*
イデア *150*
『隠者の夕暮れ』 *156*
インフォーマルな教育課程 *108*
宇宙カレンダー *165*
エウリスティック・メソッド *177*
『エミール』 *156*
オキュペーション *161*
おちこぼれ教育 *43*
恩物（Gabe） *159*

カ 行

学習指導要領 *2, 36, 94, 168*
　　小学校―― *51*
学習指導要領 一般編（試案） *37*
学習指導要領（試案） *2*
学習到達度調査 *47*
学力低下 *45*
かくれたカリキュラム *4*
課題取り組み *161*
価値 *166*
学校教育法 *3, 26, 55, 166, 167*
学校週5日制 *45*
学校選択の自由 *109*
学校の整備拡大化 *170*
学校幼稚園（Schulkindergarten）（独） *114*
家庭教育支援条例 *138*

カリキュラム *2, 164*
　　――・マネジメント *7, 102*
　　学問中心―― *12*
　　教科―― *13*
　　計画された―― *6*
　　経験―― *13*
　　経験された―― *6*
　　コア・―― *18*
　　実践された―― *6*
　　スパイラル・―― *177*
　　制度化された―― *6*
　　相関―― *14*
　　統合―― *13*
　　人間中心―― *12*
　　広（領）域―― *14*
　　分化―― *13*
　　融合―― *14*
　　らせん型―― *177*
『カリキュラム』 *173*
カリキュラム類型 *13*
管理・運営　教育課程の *102*
キー・コンピテンシー *134-135*
キーステージ *108*
基幹学校（Hauptschule）（独） *116*
基礎学校（Grundschule）（独） *113, 115*
基礎学校（フィンランド） *125*
偽なる信念（ドクサ） *149*
帰納法 *154*
義務教育学校 *84-85*
ギムナジウム（Gymnasium）（独） *116*
教育課程 *2*
教育課程の構成要素 *91*
教育基本法 *3, 23, 36, 166*
教育指標 *175-176*
「教育指標――援助となるかあるいは妨げとなるか」 *175*
「教育的鑑識眼と教育批評」 *175*
教育内容の現代化 *80, 136*
『教育の過程』 *177*

教育の現代化　11, 43
教育の目的　18, 19, 90
教育の目標　19, 90
教科主義　40
教科書　99
教科中心主義　135-136
教材　98
共通の核となる標準（Common Core Standards）　118
クラブ活動　83
クロスカリキュラム　14
計画管理　102
経験主義　10, 37, 40, 136
系統主義　10, 42, 136-137
　──回帰　48
健康的な生活習慣　49
言語活動の充実　50
顕在的（manifest）カリキュラム　4
検定教科書　6
高1クライシス　83
講義法　153
公教育の制度化　170
公共の精神　48
高等学校　167
高等学校（ルキオ）（フィンランド）　125
コース・オブ・スタディ　3, 36
国歌斉唱　39
国旗掲揚　39
子ども中心主義　135-136
子どもの家　160
コミュニティ・スクール　139-142, 144-145
コレージュ（Collège）（仏）　113
コンピテンシー（能力）・モデル　132-135, 143-144
コンピュータ・リテラシー　44

サ　行

最小限のコストにおいて最大限の結果　174
「試案」　41
ジェンダー　9
思考力・判断力・表現力　49
実科（実業）学校（Realschule）（独）　116
実施管理　102
質的管理　102
指導主事　103
指導要録　180
社会科　37, 76
『社会契約論』　156
自由研究　76
自由七科（七自由科）　152
習熟度クラス　44
就労体験学習　44
授業時数　96
小1プロブレム　83
生涯学習社会　44
小学校　166
将来的な課題　173
助教（モニター）　157
職業科　76
職業学校（アンマッテイコウウル）（フィンランド）　125
職業訓練の優れた方法　173
職業上級学校（Berufoberschule）（独）　116
職業専門学校（Beruffachschule）（独）　116
初等学校（Ecole élémentaire）（仏）　111, 112
『初任者教師のチェックリスト』　169
新幹線授業　42
紳士教育　155
新自由主義　130-131
真善美聖　166
進歩主義（プログレッシビズム）　170
新保守主義　133
スコレー（暇）　148
スプートニク　177
スプートニク・ショック　42
生活単元学習　10
精神白紙説（タブラ・ラサ説）　155
『世界図絵』　155
潜在的（hidden）カリキュラム　4
総合的な学習の時間　47, 133
ソフィスト（職業的教師）　148

タ　行

大学入学資格試験（Abitur）（独）　117

大学の成立　152
『大教授学』　155
タイラーの原理　29
確かな学力　49
多重知性（MI）　178
多様な教育機会確保法案　33
「探究」活動　48
単元（ユニット）　176
知識基盤社会　50
地方教育行政の組織及び運営に関する法律　22
地方自治法　22
チャータースクール　118, 141
中1ギャップ　83
中央教育審議会　46
中学校　166
中等教育学校　27, 167
著作権　101
洞窟の比喩　149
統合制中学校（comprehensive school）（英）　109
道徳の時間　41
特別教育活動　39
特別の教科　道徳　48, 50
どの子も置き去りにしない法　117
ともに生きる共同体　175
ドルトン・プラン　181

ナ行

ナショナル・ミニマム　95
なすことによって学ぶ（Learning by doing）　160
21世紀を展望した我が国の教育の在り方について（中教審答申）　28, 46
日本国憲法　23, 32
望ましい食習慣　49

ハ行

ハイパー・メリトクラシー　134
バカロレア試験（Baccalauréat）（仏）　113
八年研究　29
発見学習　177
はどめ規程　82, 95

母親学校（école maternelle）（仏）　111
パフォーマンス（達成）・モデル　132-135, 143-144
パリ大学　152
ハルハウス　174
『ハルハウスにおける20年』　174
必修教科「情報」　47
人柄（エートス）　150
評価管理　102
フィヨン法（仏）　111
フォロー・スルー計画　120
部活動　82
普通教育　92
フリースクール　33
プロジェクト・メソッド　177
プロジェッタツィオーネ　121
分析－総合－連合－系統－方法　158
平和主義　32
ヘッド・スタート・プログラム　120
ベル・ランカスター法　158
編成基準　93
保育学校（nursery school）（英）　110
保育所保育指針　54
法的拘束力　40
ホーム・スタート計画　121
補償教育（compensatory education）　120
補助教材（副教材）　100
本質主義（エッセンシャリズム）　170

マ行

無知の知（自覚）　149
明瞭－連合－系統－方法　158
目的－計画－遂行－判断　177
目標管理　102
モジュール学習　98
モントリオール・システム　158
問題解決学習　161

ヤ行

ゆとり教育　45
ゆとりと充実　43
幼児学校（infant school）（英）　108

幼児教育の5領域　*57*
幼稚園　*159, 166*
幼稚園（Kindergarten）（独）　*113*
幼稚園教育要領　*54, 57*
予備−提示−比較−総括［概括］−応用　*158*

　　　　　ラ　行

リセ（Lycée）（仏）　*113*
量的管理　*102*
臨時教育審議会　*81*
レッジョ・エミリア　*121*

執筆者紹介（執筆順，執筆担当）

福本 義久（ふくもと・よしひさ，四天王寺大学教育学部） 第1章

塩見 剛一（しおみ・こういち，大阪産業大学全学教育機構） 第2章

広岡 義之（ひろおか・よしゆき，編著者，神戸親和女子大学発達教育学部／大学院文学研究科） 第3章

堤　 直樹（つつみ・なおき，福岡こども短期大学） 第4章

佐野 秀行（さの・ひでゆき，大阪人間科学大学人間科学部） 第5章

古田　 薫（ふるた・かおり，兵庫大学健康科学部） 第6章

西本　 望（にしもと・のぞむ，武庫川女子大学文学部） 第7章

山本 孝司（やまもと・たかし，岡山県立大学保健福祉学部） 第8章

津田　 徹（つだ・とおる，神戸芸術工科大学芸術工学教育センター） 第9・10章

はじめて学ぶ教育課程

2016年4月25日　初版第1刷発行　　　　〈検印省略〉
2021年12月10日　初版第7刷発行

定価はカバーに
表示しています

編著者　広　岡　義　之
発行者　杉　田　啓　三
印刷者　中　村　勝　弘

発行所　株式会社　ミネルヴァ書房
607-8494　京都市山科区日ノ岡堤谷町1
電話(075)581-5191／振替01020-0-8076

© 広岡義之ほか，2016　　　　中村印刷・新生製本

ISBN978-4-623-07559-1
Printed in Japan

はじめて学ぶ教育の制度と歴史

広岡義之・津田　徹 著　A5判240頁　本体2400円

●教職志望者必携のテキスト。西洋と日本，古代から現代まで，教育の歴史と制度の変遷が一冊で学べる，教育の本質を学ぶための第一歩。

絵で読む教育学入門

広岡義之 著／北村信明 絵　A5判160頁　本体2200円

●イラストがひらく，教養としての教育学。「教える」とは何か，「学ぶ」とはどういうことか，教育の思想や歴史を軸に，教育原理のテキストとして基礎的な内容を概説。

教職をめざす人のための教育用語・法規［改訂新版］

広岡義之 編　四六判384頁　本体2200円

●教員採用試験で触れられる範囲の教育学の用語を中心に，約1100項目を掲載した用語集。

──── ミネルヴァ書房 ────
https://www.minervashobo.co.jp/